中外国家文献信息
战略保存实践

毛雅君 等 编著

国家图书馆出版社

图书在版编目（CIP）数据

中外国家文献信息战略保存实践/毛雅君等编著. --北京：国家
图书馆出版社,2018.6
ISBN 978 - 7 - 5013 - 6514 - 2

Ⅰ.①中… Ⅱ.①毛… Ⅲ.①文献保护—图书馆法—研究—中
国 Ⅳ.①D922.164

中国版本图书馆 CIP 数据核字（2018）第 186962 号

书 名	中外国家文献信息战略保存实践	
著 者	毛雅君 等 编著	
责任编辑	唐 澈	
封面设计	耕者设计工作室	

出 版 国家图书馆出版社（100034 北京市西城区文津街 7 号）
（原书目文献出版社 北京图书馆出版社）
发 行 010 - 66114536 66126153 66151313 66175620
66121706（传真） 66126156（门市部）
E-mail nlcpress@ nlc. cn（邮购）
Website www.nlcpress.com ──→投稿中心
经 销 新华书店
印 装 北京鲁汇荣彩印刷有限公司
版 次 2018 年 6 月第 1 版 2018 年 6 月第 1 次印刷

开 本 880 毫米×1230 毫米 1/32
印 张 7
字 数 163 千字

书 号 ISBN 978 - 7 - 5013 - 6514 - 2
定 价 48.00 元

目　　录

前　　言

2017年11月4日,第十二届全国人民代表大会常务委员会第三十次会议通过了《中华人民共和国公共图书馆法》(以下简称为《公共图书馆法》)。同日,国家主席习近平签署第七十九号主席令予以公布,本法自2018年1月1日起施行。这是党的十九大胜利召开之后颁布出台的第一部文化方面的法律,也是中华人民共和国成立后我国第一部图书馆领域的国家立法。《公共图书馆法》第二十二条规定了国家图书馆的作用、地位和职能。首次以法律形式明确了国家图书馆几个方面的职能,包括国家文献信息战略保存、国家书目和联合目录编制、为国家立法和决策服务、组织全国古籍保护、开展图书馆发展研究和国际交流、为其他图书馆提供业务指导和技术支持等。国家图书馆同时具有该法规定的公共图书馆的功能。《公共图书馆法》的颁布实施对国家图书馆而言不仅意义重大,而且给其履行国家文献信息战略保存职能,建设国家文献信息资源总库带来了新的机遇和挑战。

作为国家文献信息资源总库,为实现国家文化遗产的全面保存,国家图书馆在新时代如何继续秉承"传承文明,服务社会"的宗旨,以《公共图书馆法》建立国家出版物交存制度为契机,促进实体资源、数字资源、网络资源和活态记忆资源充分融合的现代馆藏体系建设,不断完善实体馆藏与虚拟馆藏的协调互补机制,使馆藏资源内容更加丰富,结构更加合理,国家图书馆作为世界中文文献和国内外文文献最大藏家的地位进一步巩固,对国家经济社会创新发展的文献支撑保障作用进一步增强。更好地发挥国家图书馆所承担的国家总书库的职能,更好地贯彻落实《公共图书馆法》是目前亟需研究和解决的问题①。

本书旨在通过对各主要的国家图书馆文献信息资源建设政策、馆藏发展现状、馆藏发展战略及文献战略储备库的相关实践开展调研,对国家图书馆国家文献信息战略保存实践进行总结和思考,以期为《公共图书馆法》框架下的国家图书馆切实发挥国家文献战略保存职能、服务国家战略做准备,对我国图书馆的文献信息资源建设和发展有借鉴意义。

全书共十一章,由毛雅君负责统稿和撰写工作的组织与协调,各章内容的具体分工如下:第一章毛雅君,第二章毛雅君、王菲、韩飞、敦文杰,第三章毛雅君、王菲、韩佳芮,第四章肖珂诗、毛雅君,第五章宋振佳、毛雅君,第六章朴燕、梁田丽,第七章申庆月、王菲、毛雅君,第八章金文昌、王菲,第九章王菲、韩尉、田苗,第十章毛雅君,第十一章毛雅君、敦文杰、田苗、韩蔚、林俊飞。

本书是在国家图书馆"十三五"规划预研课题之三"国家文献信息资源总库(总书库)建设研究"的研究报告《国家文献信息资源总库建设》之上重新修订编纂而成,此次付梓出版,得到"十三五"规划前期调研项目组成员及参与研讨的各位老师和同事们的鼎力协助,数易

---

① 韩永进.聚焦《公共图书馆法》|韩永进:推动、引导、服务全民阅读是重要任务[EB/OL][2018－02－06]. https://www.sohu.com/a/214034106_801422.

其稿,方始成型,特此表示诚挚的感谢!

　　限于专业和水平,本书内容难免有错误和不足之处,敬请专家和读者不吝赐教。

毛雅君

2018 年 3 月

第一章　国家文献信息战略保存

　　《公共图书馆法》第二章第二十二条确立了国家图书馆的六项主要职能：①承担国家文献信息战略保存的职能；②承担国家书目和联合目录编制的职能；③为国家立法和决策服务的职能；④组织全国古籍保护的职能；⑤开展图书馆发展研究和国际交流的职能；⑥为其他图书馆提供业务指导和技术支持的职能。《中华人民共和国公共图书馆法释义》解读这一条款时讲到，国家图书馆的建设主体是国家，即中央人民政府代表国家设立国家图书馆，国家图书馆在整个国家的图书馆体系中通常处于独特的中心地位，区别于其他公共图书馆，承担着特殊的重要职能。国家图书馆的首要职能就是承担国家文献信息战略保存职能。国家图书馆是国家文献信息资源总库（国家总书库），为实现国家文化遗产的全面保存，一方面要秉承"中文求全"的原则，全面收集国内出版的各文种、各类型、各载体文献，尽可能保证入藏品种和版本的齐全，同时加强中文资料及港澳台、海外中文出版物的采选。另一方面要永久保存和保护收集的文献信息，建设国家级文献资源保障中心和保存基地，开展国家文献战略储备，对国家重要文献实现异地备份保存[①]。也就是说，国家文献信息战略保存包括国家文献信息资源总库（国家总书库）的建设和国家文献战略储备库的建设。

---

　　① 许安标，钱峰，杨志今.中华人民共和国公共图书馆法释义[M].北京：中国民主法制出版社，2018：81.

第一节　国家文献信息资源总库

国家图书馆是一个国家文化发展水平的重要标志,具有国家首馆的重要地位。国家图书馆作为国家文献信息资源总库(国家总书库),负责全面收集保存本国的出版物,全面收藏中文文献、本国人以各文种发表的作品以及与本国相关的外国出版物,重点收藏与国家战略相关的各国出版物,选择性收藏代表人类知识进步与发展的各国出版物。

国家图书馆前身是 1909 年 9 月 9 日清政府批准筹建的京师图书馆。早在 1912 年 7 月 10 日,京师图书馆馆长江瀚呈文国民政府教育总长蔡元培,请审正《京师图书馆暂定阅览章程》。该章程共 18 条,其中关于图书采访与收藏原则,提出所采图书“一为保存之类,一为观览之类”的要求,反映了保存与观览兼举并重的原则,这种原则显然是国家总书库职能的最初萌芽①。1916 年 4 月,经教育部呈请,内务部通令全国,凡内务部立案出版的图书,向京师图书馆缴送一份复本,“以重典策而供众览”。此举标志着京师图书馆开始履行国家图书馆收缴典藏全国出版物的职能②。

1949 年中华人民共和国成立后,为使国家图书馆(时称“北京图

---

① 李致忠. 中国国家图书馆馆史(1909—2009)[M]. 北京:国家图书馆出版社,2009:13 - 14.

② 国图概况[EB/OL].[2017 - 12 - 27]. http://www.nlc.cn/dsb_footer/gygt/lsyg/index_1.htm.

书馆")能及时和广泛地满足广大人民群众在文化上的需要,政务院、国务院、出版总署、文化部等政府部门多次发文,对图书、杂志、报纸的征集、缴送、国外书刊的订购等做了明文规定。1955 年,《北京图书馆十二年(1956—1967)工作规划纲要》明确提出:"北京图书馆是我国的中心图书馆,是中外书刊及贵重善本书、手稿的国家总书库。今后应以种类齐全的巨大藏书,为我国各项社会主义建设事业服务,特别要把大力配合日益发展的科学研究工作当成重点,以便更加发挥本馆应有的作用。"①首次提出了国家图书馆是国家总书库。1960 年又重申了这一提法。经过长期的藏书建设实践,1987 年迁入新馆前,国家图书馆的藏书原则即确定为"中文求全,外文求精"。"中文求全"主要依靠执行国家缴送法规和国家图书馆采购来实现;"外文求精"则依靠与业界分工协调,明确并承担国家馆责任来落实。入藏文献的载体随着科技的发展变化而发展变化。

2006 年,《国家图书馆"十一五"规划纲要》即 2006—2010 年规划纲要,提出"加强文献信息资源的采集与保存,建设高质量的国家文献信息资源保存基地,形成内容丰富、载体多样、文种齐全、特色鲜明的文献信息资源体系"②的主要目标。2011 年,《国家图书馆"十二五"规划纲要》即 2011—2015 年规划纲要,提出"文献信息保障能力进一步提升。以国家文献资源总库建设为重点,文献收藏范围不断扩大,馆藏资源结构渐趋合理,出版物保存本制度更加完善,文献缴送率不断

① 李致忠. 中国国家图书馆馆史(1909—2009)[M].北京:国家图书馆出版社,2009:158.
② 国家图书馆"十一五"规划纲要[EB/OL].[2017-12-27].https://wenku.baidu.com/view/0f4385f0f90f76c661371a9c.html.

提高,缺藏文献补充取得实质进展"①的主要目标。2017 年,《国家图书馆"十三五"规划纲要》即 2016—2020 年规划纲要,提出"加强国家文献信息资源总库建设,进一步提升文献信息资源保障能力的目标,文献信息资源综合保障能力进一步增强。接受出版物缴送的工作制度进一步完善,适应出版形势和数字化服务方式的多渠道文献采选、补藏机制较为成熟,馆藏文献信息资源的学科、载体、语种结构更为优化,重点馆藏的保存保护和异地灾备条件显著改善,覆盖重点国家、重点地区、重点领域的文献信息资源保障体系更加完备"②的主要目标。

《公共图书馆法》中公共图书馆是指向社会公众免费开放,收集、整理、保存文献信息并提供查询、借阅及相关服务,开展社会教育的公共文化设施。其中文献信息包括图书报刊、音像制品、缩微制品、数字资源等③,也就是包括国内出版的正式出版物和非正式出版物以及各馆自建及外购的缩微制品和数字资源等。

1. 图书

通常是分页并形成一个物理单元的,以书写、印刷或电子形式出版的知识单元。联合国教科文组织将图书界定为:凡由出版社(商)出版的 49 页以上(不包括封面和封底在内)的印刷品,具有特定的书名和著者名,编有国际标准书号,有定价并取得版权保护的出版物。49

---

① 国家图书馆"十二五"规划纲要[EB/OL].[2017 – 12 – 27].https://max.book118.com/html/2015/0522/17457074.shtm.

② 国家图书馆"十三五"规划纲要[EB/OL].[2017 – 12 – 27].http://www.nlc.cn/dsb_footer/gygt/ghgy/.

③ 中华人民共和国公共图书馆法[EB/OL].[2018 – 02 – 01].http://www.law-lib.com/law/law_view.asp?id=598375.

页以下为小册子,目前我国普遍采用将小册子也纳入图书范围的方法。图书有多种划分标准,按使用用途可分为以阅读为主要目的的普通图书和以检索参考为主要目的的工具书,前者包括专著、译著、教材、通俗读物等类型,后者包括字典词典、百科全书、年鉴、手册、表谱、图录、书目、索引、文摘等类型。按知识内容的深浅程度划分,图书可分为学术专著、普及读物、儿童读物等类型。按著作方式划分,图书可分为专著、编著、译书、汇编、文集、类书等类型。按制作形式划分,图书可分为写本书、抄本书、印本书等类型。按出版卷帙划分,图书可分为单卷、多卷书等类型。按刊行情况划分,图书可分为单行本图书、丛书、抽印本图书等。按制版印刷情况划分,图书可分为刻印本、排印本、照排本、影印本等。按装帧形式划分,图书可分为精装书、平装书、线装书等类型①。按版次和修订情况划分,图书可分为初版书、再版书、重印书等类型。

截至 2016 年年底,全国共有出版社 584 家(包括副牌社 33 家),其中中央级出版社 219 家(包括副牌社 13 家)、地方出版社 365 家(包括副牌社 20 家)②。2016 年全国共出版图书 499 884 种(初版 262 415 种,重版、重印 237 469 种),与上年相比,图书品种增长 5.07%(初版增长 0.76%,重版、重印增长 10.28%)。其中全国共出版少年儿童读物 43 639 种(初版 25 422 种),与上年相比,种数增长 19.12%(初版增长 14.96%)。2011—2016 年全国新闻出版业图书品种数连年增长,其中重版、重印书籍增幅高于初版书籍增幅。详见表 1-1。

---

① 柯平.《公共图书馆法》专家解读[M].北京:国家图书馆出版社,2018:20.
② 2016 年全国新闻出版业基本情况[EB/OL].[2017-12-10]. http://www.sapprft.gov.cn/sapprft/govpublic/6689/350251.shtml.

表1-1 2011—2016年全国新闻出版业图书品种数

年份	总量（种）	书籍（种）	初版书籍（种）	重版、重印书籍（种）	课本（种）	图片（种）	附录（亿册/张）
2016	499 884	410 438	234 873	175 565	89 001	445	0.15
2015	475 768	384 521	229 490	155 031	90 718	529	0.18
2014	448 431	355 611	221 470	134 141	92 370	450	0.25
2013	444 427	356 122	225 030	131 092	87 509	796	0.22
2012	414 005	332 042	213 125	118 917	81 271	692	0.27
2011	369 523	290 359	180 884	109 475	78 281	883	0.36

2.报刊

期刊和报纸统称为报刊。

（1）期刊

期刊是面向特定主题或专业读者的连续出版物[①]。主要特点是：定期连续出版，有出版序号；有长期固定统一的刊名；开本、篇幅、栏目等基本稳定；内容新颖，时效性强；信息量大，作者众多。按内容分，有学术性与技术性、商业性与行业性、政治性与时事性、资料性、科普性、检索性、趣味性等类型；按读者对象分，有适宜于老年、中年、青年、妇女、儿童等不同群体的品种；按表现形式分，有以文字为主的期刊和以图片为主的期刊；按载体分为印刷型和非印刷型期刊等[②]。

---

① GB/T 4894—2009 信息与文献 术语［EB/OL］.［2017 - 10 - 27］. https://max. book118. com/html/2017/1010/136741512. shtm.

② 中国大百科全书编辑部. 中国大百科全书［M］. 第二版精粹本. 北京：中国大百科全书出版社，2013：1119.

2016 年全国共出版期刊 10 084 种,与上年相比,种数增长 0.70%。其中全国共出版少年儿童期刊 212 种,与上年相比,种数增长 1.44%;全国共出版画刊(不含面向少年儿童的画刊)55 种,与上年相比,种数增长 3.77%;全国共出版动漫期刊 40 种,与上年相比,种数增长 11.11%[①]。2011—2016 年全国新闻出版业期刊品种数连年增长,其中哲学、社会科学类期刊和文学、艺术类期刊增幅较高(见表 1-2)。

表 1-2 2011—2016 年全国新闻出版业期刊品种数

年份	总量（种）	综合类（种）	哲学、社会科学类（种）	自然科学、技术类（种）	文化、教育类（种）	文学、艺术类（种）
2016	10 084	365	2664	5014	1383	658
2015	10 014	366	2635	4983	1377	653
2014	9966	365	2618	4974	1363	646
2013	9877	368	2577	4944	1353	635
2012	9867	370	2559	4953	1350	635
2011	9849	435	2516	4920	1349	629

（2）报纸

报纸是以频繁的周期发行,提供关于当前事件最新信息并通常附有评论的连续出版物[②]。主要特点是:传递信息快,信息量大,现实感强,具有宣传、报道、评论、教育、参考、咨询等社会功能。报纸是重要

---

① 2016 年全国新闻出版业基本情况［EB/OL］.［2017-12-10］. http://www.sapprft.gov.cn/sapprft/govpublic/6689/350251.shtml.

② GB/T 4894—2009 信息与文献 术语［EB/OL］.［2017-10-27］. https://max.book118.com/html/2017/1010/136741512.shtm.

的情报源和社会舆论工具,对社会经济和政治生活有着广泛的影响。报纸有多种分类,如日报,为白天出版的报纸,主要刊登国内外各个领域的新闻;晚报,刊登文化娱乐、体育方面的信息,设置较多的知识性、可读性强的专刊、副刊;机关报,为国家机关、政党、社会团体等主办并出版,宣传其路线、方针、政策,以影响社会舆论,并有教育其成员、指导实际工作的作用;地方报,新闻报道内容侧重于一个省、一个市、一个地区,主要在当地发行①。

2016 年全国共出版报纸 1894 种,与上年相比,种数下降 0.63%。其中省级报纸 780 种,与上年相比种数下降 0.89%②,下降比例最高。2011—2016 年全国新闻出版业报纸品种数连年下降,其中全国性和省级报纸降幅最高(见表 1-3)。

表 1-3 2011—2016 年全国新闻出版业报纸品种数

年份	总量(种)	全国性和省级(种)	地、市级报纸(种)	县级报纸(种)
2016	1894	997	878	19
2015	1906	1005	882	19
2014	1912	1013	880	19
2013	1915	1018	878	19
2012	1918	1022	878	18
2011	1928	1042	869	17

---

① 中国大百科全书编辑部. 中国大百科全书[M]. 第二版精粹本. 北京:中国大百科全书出版社,2013:82-83.

② 2016 年全国新闻出版业基本情况[EB/OL]. [2017-12-10]. http://www.sapprft.gov.cn/sapprft/govpublic/6689/350251.shtml.

3. 音像制品

音像制品也称视听作品,是使用专用设备读和(或)听的作品①。包括录有内容的录音带(AT)、录像带(VT)、激光唱盘(CD)和数码激光视盘(VCD)及高密度光盘(DVD)等②。主要类型有:音频资料、视频资料和音视频混合资料。其中音频资料包括唱片、录像带、盒式磁带、音频压缩磁盘、数字视频光盘(DVD)、数码语音记录文件等;视频资料包括幻灯片、透明幻影等;音视频混合资料包括电影、录像等③。

截至 2016 年年底,全国共有音像制品出版单位 372 家④。2016年,全国共出版录音制品 8713 种,与上年相比,品种下降 11.63%。其中,高密度激光唱盘(DVD-A)及其他载体 1343 种,与上年相比,品种下降 39.53%,降幅最高。全国共出版录像制品 5671 种,与上年相比,品种增长 2.88%。其中,录像带(VT)及其他载体 154 种,与上年相比,品种增长 46.67%,增幅最高,数码激光视盘(VCD)792 种,与上年相比,品种下降 38.94%,降幅最大。2016 年出版少年儿童录音带 7种,少年儿童激光唱盘 576 种,少年儿童高密度激光唱盘(DVD-A)及其他载体 70 种;少年儿童录像带及其他载体 1 种,少年儿童数码激光视盘 164 种,少年儿童高密度激光视盘 443 种。2011—2016 年全国新

①　GB/T 4894—2009 信息与文献 术语[EB/OL].[2017 – 10 – 27].https://max.book118.com/html/2017/1010/136741512.shtm.

②　音像制品管理条例(2016 年修正本)[EB/OL].[2017 – 12 – 27].http://www.gapp.gov.cn/sapprft/govpublic/6681/356067.shtml

③　GB/T 13191—2009 信息与文献 图书馆统计[EB/OL].[2017 – 10 – 27].http://www.doc88.com/p-0008019926627.html.

④　2016 年全国新闻出版业基本情况[EB/OL].[2017 – 12 – 10].http://www.sapprft.gov.cn/sapprft/govpublic/6689/350251.shtml.

闻出版业音像制品品种数呈下降趋势,其中录像制品比录音制品降幅更高,录像制品中数码激光视盘(VCD)降幅最高(见表1－4)。

表1－4　2011—2016年全国新闻出版业音像制品品种数

年份	总量（种）	录音制品（种）	录音带（AT）（种）	激光唱盘（CD）（种）	高密度激光唱盘（DVD-A）及其他载体（种）	录像制品（种）	录像带（VT）及其他载体（种）	数码激光视盘（VCD）（种）	高密度激光视盘（DVD-V）（种）
2016	14 384	8713	1526	5844	1343	5671	154	792	4725
2015	15 372	9860	1675	5964	2221	5512	105	1297	4110
2014	15 355	9505	2108	5693	1704	5850	130	1066	4654
2013	16 972	7396	191	5353	1852	9576	2281	1939	5356
2012	18 485	9591	2681	5029	1881	8894	134	2207	6553
2011	19 408	9931	3250	4716	1965	9477	141	2994	6342

4.电子出版物

电子出版物是指以数字代码方式,将有知识性、思想性内容的信息编辑加工后存储在固定物理形态的磁、光、电等介质上,通过电子阅读、显示、播放设备读取使用的大众传播媒体,包括只读光盘（CD-ROM、DVD-ROM 等）、一次写入光盘（CD-R、DVD-R 等）、可擦写光盘（CD-RW、DVD-RW 等）、软磁盘、硬磁盘、集成电路卡等,以及新闻出版总署认定的其他媒体形态①。

---

① 　国家新闻出版总署.电子出版物出版管理规定［EB/OL］.［2017 － 12 －27］.http://www. gov. cn/gongbao/content/2009/content_1388688. htm.

截至 2016 年年底,全国共有电子出版物出版单位 309 家。2016 年全国共出版电子出版物 9836 种,与上年相比,品种下降 2.53%。其中,高密度只读光盘(DVD-ROM)2912 种,与上年相比,品种下降 11.65%,降幅最高;交互式光盘(CD-I)及其他载体 1479 种,与上年相比,品种增长 34.09%,增幅最高。2011—2016 年全国新闻出版业电子出版物品种数呈下降趋势(见表 1 – 5)。

表 1 – 5　2011—2016 年全国新闻出版业电子出版物品种数

年份	总量 (种)	只读光盘 (CD-ROM) (种)	高密度只读光盘 (DVD-ROM) (种)	交互式光盘(CD-I) 及其他载体 (种)
2016	9836	5445	2912	1479
2015	10 091	5692	3296	1103
2014	11 823	6766	3587	1470
2013	11 708	7279	3281	1148
2012	11 822	7620	3352	850
2011	11 154	7546	2747	861

5. 缩微制品

缩微制品,也称缩微品,通常是胶卷或胶片的缩微影像文献[①]。用缩微照相的方式将原始文献(含有文字等视觉符号)缩小若干倍存储在感光材料上,并借助于专用阅读器而使用。其主要特点:成本低、体积小、重量轻、信息密度高、制作迅速、规格统一、易于长期保存、便于

---

① 　GB/T 4894—2009 信息与文献　术语[EB/OL].[2017 – 10 – 27].https://max.book118.com/html/2017/1010/136741512.shtm.

携带等。缩微制品的种类很多,按其缩率划分,一般可分为低缩率
(比原件缩小至 15 倍以内)、中缩率(缩小 15—30 倍)、高缩率(缩小
30—60 倍)、特高缩率(缩小 60—90 倍)、超高缩率(缩小 90 倍以
上)。按其透明度划分,有透明或不透明两种。按其外形划分,可分
为卷式片,包括盘式、盒式、夹式等;片式片,包括条片、封套片、窗口
卡片、缩微平片等。传统缩微制品属于模拟缩微系统。此外,还有
一种数字缩微系统,即通过对原件的扫描,将图像分解成许多微小
的像素,以串行信号形式来存储、传递信息的缩微制品。传统缩微
制品是原件的忠实图像,数字缩微系统以代码形式来记录信息,可
以对已存储的信息进行追加、更改,多适用于需要经常变动的文献
缩微制品①。

6. 数字资源

数字资源为计算机设备操作而编码的资源(数据或程序)。资源
可能需要使用直接连接到计算机设备的外部设备(如 CD-ROM 驱动
器)、应用程序(如媒体播放器、图片浏览器),或连接到计算机网络
(如因特网)②。包括电子书、电子期刊、数据库、多媒体资源、网络资
源等。按照数字资源的发展过程,早期的数字资源主要表现为单机信
息资源,即单机版的电子出版物,它是以数字代码方式,将有知识内容
的信息编辑加工后存储在固定物理形态的磁、光、电等介质上,通过电
子阅读、显示、播放设备读取使用,但不在网络上传输的数字化信息资
源。主要特点是:信息量大,可靠性高,承载信息丰富;数据检索处理

---

① 中国大百科全书编辑部. 中国大百科全书[M]. 第二版简明版收藏本. 北
京:中国大百科全书出版社,2011:21 – 366.

② 邱东江. 图书馆学情报学大辞典[M]. 北京:海洋出版社,2013:764.

速度快,效率高;具有较强的交互性;制作和阅读过程需要相应软件的支持。单机信息资源主要包括只读光盘、一次写入光盘、可擦写光盘、软磁盘、硬磁盘、集成电路卡等,后来又有了联机检索信息资源、互联网信息资源、数据库等。联机检索信息资源是指图书馆通过签约付费,可远程登录、在线利用的数字资源。这些数字资源存储在数据库提供商的服务器上,图书馆只在签约付费时间期限内对这类数字资源拥有检索使用权,而非永久占有与使用权。联机检索信息资源经过专业的加工处理,信息资源的内容覆盖面广,科学性和准确性高,具有很好的检索功能和检索精度,形成了一整套信息安全和授权等规范管理的制度和方法。同时,联机检索信息资源要求用户具有较高的信息检索技能或借助专业人员的帮助,用户界面、检索功能、检索方式等各具特色,用户利用时需要一个学习、适应的过程,所有联机检索信息资源都要付费获得,并且费用较高。

互联网信息资源是图书馆根据读者需求及馆藏发展需要,选择、收集互联网上的信息资源,下载存到本馆或本地网络之中,通过网络或其他方式提供给用户使用,或者链接到图书馆的网页上,如建立互联网信息资源导航库,以方便读者迅速检索自己感兴趣的有价值的网络信息资源。互联网已成为继电视、广播和报纸之外的第四媒体,集各种类型、语言、来源的信息资源为一体。互联网上的专题讨论小组和论坛、电子会议、电子布告板新闻等非正式出版信息,各种学术团体、国际组织和政府机构、行业协会等发布的半正式出版物和不断增长的开放存取资源,均具有很高的学术和社会价值,能够很好地补充和丰富馆藏资源。

数字资源还可以按照来源方式分为自建数字资源和外购数字资

源,根据存取和拥有的概念分为实体馆藏数字资源和虚拟馆藏数字资源。联机检索信息资源和互联网信息资源构成了图书馆的虚拟馆藏①。

7. 学位论文

学位论文是研究生达到学位要求水平并获答辩通过的学术论文,是高等学校和科学研究机构的研究生在导师指导下独立完成的总结性作业。学位论文是某些国家培养研究生掌握科学研究基本方法和独立进行科学研究能力的一个重要环节,是授予学位的主要依据。《中华人民共和国学位条例》要求学位论文的选题须有相当的理论意义和实践意义。论文应能反映作者在本门学科上掌握坚实宽广的基础理论和系统深入的专门知识。硕士学位论文对所研究的课题应有新的见解,表明作者具有从事科学研究工作或独立担负专门技术工作的能力。博士学位论文应表明作者具有独立从事科学研究的能力,并在科学或专门技术上做出创造性的成果。学位论文一般包括摘要、引言和评述、主要内容和结果的讨论(总结)、参考文献等部分②。

2016 年全国各类高等教育在学总规模达到 3699 万人。全国共有普通高等学校和成人高等学校 2880 所,比上年增加 28 所。全国共有研究生培养机构 793 个,其中,普通高校 576 个,科研机构 217 个。研究生招生 66.71 万人,比上年增加 2.20 万人,其中,博士生招生 7.73 万人,硕士生招生 58.98 万人。毕业研究生 56.39 万人,比上年增加 1.24 万人,其中,毕业博士生 5.5 万人,毕业硕士生 50.89 万人。普通

① 柯平.《公共图书馆法》专家解读[M].北京:国家图书馆出版社,2018:24.
② 中国大百科全书编辑部.中国大百科全书[M].第二版简明版收藏本.北京:中国大百科全书出版社,2011:25 - 399,25 - 400.

14

高等教育本专科共招生 748.61 万人,比上年增加 10.76 万人;毕业生
704.18 万人,比上年增加 23.29 万人①,增幅最高。2011—2016 年全
国各类高等教育毕业生人数连年增长,其中普通高等教育毕业本专科
生数量增长最快(见表 1-6)。

表 1-6　2011—2016 年全国各类高等教育毕业生人数

年份	总量 (万人)	毕业博士生 (万人)	毕业硕士生 (万人)	普通高等教育 毕业本专科生(万人)
2016	760.57	5.5	50.89	704.18
2015	736.04	5.38	49.77	680.89
2014	712.96	5.37	48.22	659.37
2013	690.08	5.31	46.05	638.72
2012	673.37	5.17	43.47	624.73
2011	651.16	5.03	37.97	608.16

8. 文史资料

文史资料是记载文化、历史的文献和资料。人民政协文史资料工
作是周恩来同志于 1959 年 4 月亲自倡导和培育起来的一项富有统一
战线特点的重要工作,也是人民政协各级组织的一项经常性、基础性
工作。人民政协文史资料具有鲜明的统战特点和"亲历、亲见、亲闻"
的"三亲"特色,在史学研究领域独树一帜,充分发挥存史、资政、团结、
育人的社会功能。

文史资料内容博大、覆盖面广,包括政治、经济、军事、科技、文教、

---

① 2016 年全国教育事业发展统计公报[EB/OL]. [2017-10-12]. http://
www. moe. gov. cn/jyb_sjzl/sjzl_fztjgb/201707/t20170710_309042. html.

宗教、民族、华侨、社会等各个方面。政协文史资料是政协委员及其所联系的各族各界人士对重要历史事件和历史人物的记述,是历史当事人、见证人和知情人亲身经历、亲眼所见、亲耳所闻的第一手资料①。50多年来,全国各级政协组织大约有30万人次通过各种形式参与文史资料工作,先后征集了近80亿字的文稿,编辑出版了50多亿字的文史资料图书、期刊和一大批电子音像制品②。

9. 地方文献

地方文献从广义来说是地方出版物、地方人士著述、地方史料。狭义来说是地方史料,即内容上具有地方特征的区域性文献。地方文献有四个主要特点:一是鲜明的地方性。地方文献翔实地记录一个地域的经济、政治、文教、史地等人文与自然状况,是研究地方建设发展的主要记录根据。二是较强的历史资料性。文献著作内容来自实际,来自基层,往往属于原始记录,信息鲜活,内容可靠,针对性强,部分具有一定的保密性,且印数少,一般不重印、再版。三是文献载体的广泛性。地方文献既包括印刷型,又包括竹木、纸张、缩微品、音像制品、机读件、多媒体等多种载体形式。四是内容的时代性。地方文献是时代的产物,反映一个地域不同历史时期的发展现状和发展轨迹,既有现实发展的记录,又有历史新发现的补充,既表现出内容连续性,又反映了地域发展的阶段性③。

① 政协文史资料工作[EB/OL]. [2017－10－12]. http://zx. tianqiao. gov. cn/art/2017/9/12/art_3924_187446. html.

② 存史 资政 团结 育人——人民政协文史资料展[EB/OL]. [2017－10－12]. http://www. cppcc. gov. cn/zxww/2018/01/29/ARTI1517189649350486. shtml.

③ 黄俊贵. 地方文献工作刍论[J]. 中国图书馆学报,1999(1):54－59,72.

10. 古籍

古籍主要指 1911 年以前(含 1911 年)在中国书写或印刷的书籍①。广义的古籍包括甲骨文拓本、青铜器铭文、简牍帛书、敦煌吐鲁番文书和唐宋以来雕版印刷品,即 1911 年以前产生的内容为反映和研究中国传统文化、具有中国古典装帧形式(如包背装、线装、蝴蝶装、卷子装、经折装、旋风装等),并且用中国传统著作方式进行著作的文献资料和典籍。1911 年以后至 1919 年五四运动以前或稍后一个时期编纂出版的图书,凡内容属于传统学术文化,采用传统著述方式,并具有古典装帧形式(一般为线装)的图书,亦视为古籍。狭义的古籍不包括甲骨、金石拓本、简牍帛书和魏晋南北朝、隋唐写本,而是专指唐代自有雕版印刷以来的 1911 年以前产生的印本和写本②。

国家文献信息资源总库类型多样,种类丰富,除上述文献类型外,还有政府出版物、标准专利、会议文献等多种文献类型。主要通过接受交存、购买、交换、受赠、征集、接受调拨、复制、网络信息采集、数字化转换、竞拍等渠道获取文献。接受交存与购买是获取国内文献的主渠道,购买与交换是获取国外文献的主渠道,其他方式则是辅助性的补充。文献信息资源建设是衡量图书馆文献信息服务水平的重要指标之一,是图书馆发展的关键环节,发挥着重要作用,是图书馆赖以生存的基础,文献信息资源能否满足读者的要求,也是衡量图书馆建设与发展的重要指标。随着信息技术的快速发展,出版业随着科学技术

---

① 　GB/T 3792.7—2008.古籍著录规则[EB/OL].[2017 – 10 – 27].http://www.doc88.com/p-9953414570465.html.

② 　邱东江.图书馆学情报学大辞典[M].北京:海洋出版社,2013:294.

的发展而发展,人们的阅读习惯和信息需求也在不断转变,图书馆的文献信息资源建设也需要与时俱进,不断优化馆藏结构,调整馆藏战略与政策,加强文献信息资源总库建设。

第二节　国家文献战略储备库

文献信息资源是传承文明、传播知识的重要载体,是国家文化软实力的重要象征。通过文字把人类的生活经验记录在一定的载体上,并把这些载体加以收集、整理和保存,留待时人和后人继承借鉴,这是人类创造文化最有意义和最伟大的行为。图书馆是文字和文字载体主要的保存者和继承者,没有图书馆,人类文化就谈不上保存,更谈不上继承。

文献战略储备在我国已有悠久的历史,我国历朝历代都设置专门的储藏机构,收集和保存文献,并在长期的保存过程中,创造出"誊写副本"的工作机制流程,并设立了异地备份文献储藏的制度先例。历史上,明《永乐大典》共 22 937 卷,经历王朝更迭与战乱零落,仅存于世的不到 800 卷。而清《四库全书》当时手抄七套,分别存于七阁(北四南三),得以逃过两次鸦片战争和太平天国兵火之灾的劫掠,尚有三套半存世。此外,与世间万事万物一样,任何一种知识从其产生到传播利用都会经历一个由盛而衰的生命周期,与此相对应,国家图书馆馆藏中相当一部分藏品的利用率也会随着时间的推移而逐年下降。据美国康奈尔大学图书馆 2010 年发布的一项馆藏利用率调查报告,其馆藏中 1990—2010 年期间出版的专著流通

率仅为 45%，其余 55% 竟未流通过一次；另据美国一独立研究人员
2013 年对 10 个学科领域 2812 种学术期刊利用率的统计分析，其总
体半衰期约为 2—4 年，其中化学、计算机、能源与地球资源、工程、
生命等学科和社会学期刊的平均半衰期为 3—4 年，人文、物理和数
学等学科为 4—5 年，健康学科为 2—3 年，仅有 17% 的期刊利用率
半衰期超过 6 年。馆藏文献利用率的这些变化就导致这样一对矛盾
出现：一方面记载着某一历史时期知识的文献资料，其使用价值随
着时间的推移而逐渐衰减，致使相当一部分藏品因无人问津或鲜有
使用而处于"死亡"或"休眠"状态，经累年所积，其所占存储空间越
来越大；而另一方面，随着出版物种类的增多，国家图书馆的入藏量
在快速增加，存储空间越来越不敷使用。另外，随着 20 世纪末以来
信息和数字技术的广泛应用，出版物的载体和传播途径发生了巨大
变化，大量数字版、网络版出版物（数据库）的出现也在很大程度上
减少了读者对传统介质出版物的利用率。

　　19 世纪末，时任美国哈佛大学图书馆馆长的莱恩（William Coo-
lidge Lane，1859—1931）最早提出了建立文献储备库的设想。各国图
书馆界根据本国国情和馆情进行了大胆探索，摸索总结出了多种文献
存储模式。当今世界，许多国家都把本国的文献信息资源安全作为国
家安全的重要组成部分。建设国家文献战略储备库，进行异地备份，
是公认的、最安全的文献资源保护方式，被誉为保证文献与数据安全
的最后一道防线。世界上很多国家，如美国、加拿大、英国、法国、挪
威、澳大利亚、芬兰、日本等，都设计建造了新的储备书库。而且，
1999、2004 和 2009 年在芬兰已举行了三次国际图联的国际存储图书

馆大会①,讨论不同类型图书储藏模式及其发展等问题。目前,国际上建造的文献储备库已有 100 多处②。

国家图书馆作为一个国家的重要文化机构,继承了南宋以来历代皇家藏书以及明清以来众多名家私藏,现有馆舍三处,1931 年建成的文津街馆舍,建筑面积 3 万平方米,藏书能力 200 万册(件);1987 年投入使用的总馆南区,建筑面积 14 万平方米,藏书能力增至 2000 万(件);2008 年投入使用的总馆北区,建筑面积 8 万平方米,藏书能力增至 3400 万册(件);随着出版量的急剧增加,截至 2017 年年底,馆藏总量已经达到 3769 万册(件),已超出现有馆藏的藏书能力,并且馆藏年增长量已超出原预期增速。国家图书馆书库已经出现难以为继的局面,亟待通过扩大书库,解决藏书能力严重不足的问题。另外,所有馆藏文献和数字资源都集中存放在一地,一旦发生火灾、地震、战争等自然或人为灾难,将造成不可修复的毁损。

为保证文献与数据安全,2010 年,在充分论证的基础上,国家图书馆率先在国内提出文献战略储备的概念,结合我国当前文献分级分布式布局的现状,建议国家层面采取“国家—地区—专业”三级储备模式建设国家文献战略储备体系,优先推进国家文献战略储备库建设。2011 年,国家图书馆经过反复论证、修改后,向文化部、国家发展和改革委员会上报项目建议书。2013 年 3 月,国家图书馆的建议得到多位

---

① The Universal Repository Library and Guarantees for the Sustainability of the Digital Copy[EB/OL].[2017 - 10 - 02]. http://www. varastokirjasto. fi/Kuopio3/programme. htm.

② 翟建雄. 图书馆文献储备库:国外建设模式及比较分析[J]. 法律文献信息与研究,2016(1):6 - 15.

中央领导的高度重视。项目立项和选址工作也得到文化部、国家发展和改革委员会、总后勤部，以及北京市、天津市、河北省各级政府的大力支持，全力配合完成京津冀 50 余处地块考察工作。经过 2 年的不懈努力，项目于 2015 年 11 月获得评审专家、国家发展和改革委员会的认可，经国务院批准，国家图书馆国家文献战略储备库建设工程取得国家发展和改革委员会正式立项，被列入《国民经济和社会发展第十三个五年规划纲要》、"中华优秀传统文化传承发展工程"等相关规划。项目建成后，国家图书馆将会形成北京白石桥馆区、文津街馆区和承德国家文献战略储备库"两地三馆"的格局。2018 年 5 月底，国家发展和改革委员会下达该项目部分中央预算内投资计划，用于项目征地等前期工作①。该储备库建成后，能够优化国家图书馆现有读者服务空间，缓解现有馆藏空间趋于饱和的问题，实现对国家文献永久安全地保存，在中华优秀传统文化的保护和传承方面将发挥积极作用②。

为了全面了解各主要国家图书馆文献信息建设政策、馆藏发展现状、馆藏发展战略及文献战略储备库的相关情况，笔者选择馆藏量在世界上排位靠前的美国国会图书馆、英国国家图书馆、法国国家图书馆、俄罗斯国立图书馆、日本国立国会图书馆和加拿大国家图书档案馆进行比较研究，选择其他较有代表性的澳大利亚国家图书馆、新加

---

① 国家发展改革委下达国家图书馆文献战略储备库建设工程项目 2018 年投资计划［EB/OL］.［2018 - 04 - 12］. http：//www. ndrc. gov. cn/fzgggz/gdzctz/tzgz/201805/t20180530_887826. html.

② 国家图书馆国家文献战略储备库建设工程项目建议书已经国务院批准［EB/OL］.［2017 - 10 - 12］. http：//zfxxgk. ndrc. gov. cn/PublicItemView. aspx？ItemID = %7b643bc530-e001-4d06-a786-91d3a309f744%7d.

坡国家图书馆进行比较研究,此外,还选择国际图书馆协会联合会（IFLA）馆藏发展战略进行比较研究,选择挪威、芬兰和德国国家图书馆的战备书库进行比较研究。主要分析中外国家图书馆在文献信息资源建设和文献战略储备库建设政策及战略规划上的特点及差异,研究各国国家图书馆国家文献信息战略保存实践对我国国家文献信息战略保存的启示,提出加强我国国家文献信息战略保存的建议。

第二章　美国国会图书馆的文献信息战略保存

第一节　文献信息资源建设政策

一、缴送制度

1.法律依据

根据美国 1976 年 10 月 19 日颁布的《版权法》①第 407 条款的规定:在美国出版作品的版权人或专有出版权所有人,应在其作品出版之日起 3 个月内向国会图书馆缴送 2 份最佳版本的完整复本;音像制品需缴送 2 个最佳版本复本,以及与该音像制品同时出版的印刷资料或其他可视资料。版权管理者可以依条例免除缴送或者仅要求缴送一份复本。当出现个人作者是绘画、平面美术或雕塑作品的版权人,并且该作品已出版的复本不超过 5 件或者该作品已发行的复制件为有编号的限量版本,其货币价值使强制缴送该作品的 2 份最佳版本的复本是难以承担、不公平或不合理的现象时,版权管理者应当规定完全免除缴送,或者采取其他旨在提供该作品令人满意的档案记录而不增加缴送者实际的或财政上困难的替代形式。出版者需要在出版后 3 个月内完成文献缴送,否则每一作品处以

---

① 　美国版权法[EB/OL].[2017 - 10 - 13]. http://www. copyright. gov/ti-tle17/.

250 美元以下的罚款,并向国会图书馆专门制定的基金会缴纳应缴送的复本的零售价总额,未确定零售价的,应缴纳国会图书馆获取该复本的合理成本,此外,如果缴送义务人故意或屡次未能履行或拒绝履行缴送义务的,还应再被处以 2500 美元的罚款。缴送单位享受与缴送关联的版权登记服务,因国会图书馆将缴送与版权管理合一,成立了相关的版权管理办公室,并为出版品和出版社提供版权受到侵犯时所需的法律依据;国会图书馆对出版品包装不进行要求,以最大限度地减轻出版者的经济压力。

　　1988 年颁布的《国家影像保存法》①扩充并规范了美国国内广播电视节目的缴送。此后《版权法》补充规定有关已经录制并在美国向公众播放,但尚未发行的广播节目,版权管理者应当在国会图书馆馆长及其他有利害关系的组织和官员协商之后,制定条例,通过缴送或其他方式进行规范,以保证国会图书馆对此类广播节目的复制品或者音像制品的入藏。应当允许国会图书馆馆长依据此类条例规定的标准和条件,直接从公众播放的广播中录制广播节目,并为存档目的复制一份该录制品的复制品或音像制品;此类条例应当规定有关的标准和程序,使会图书馆馆长可以书面要求在美国国内享有节目广播权的主体,缴送一份特定广播节目的复制品或音像制品。此类缴送,可以经在美国国内享有广播权的主体选择,可以通过赠送、以复制为目的的外借,或不超过复制和提供复制品或音像制品成本价格出售的方式进行缴送。缴送时限为不少于 3 个月,并应根据合理需要允许延长缴送时限,以及调整缴送要求的范围或

---

　　① 美国国会图书馆动态图画馆藏政策[EB/OL].[2017 – 10 – 13].http://www.loc.gov/acq/devpol/motion.pdf.

履行缴送义务的方式。在美国国内享有广播权的主体,如果故意不能或者拒绝按照此类条例规定条件履行缴送义务的,应当向国会图书馆专门指定的基金支付不超过复制或提供复制品或音像制品所需成本的金额。从这个角度来看,国会图书馆接受缴送的职能和范围较之中国国家图书馆更为广泛。

此外,1996 年美国通过了《博物馆与图书馆服务法》,特别提出了建立、增强各图书馆间以电子方式或其他形式的联系,促进图书馆间协作,提高图书馆信息服务质量和使用图书馆信息服务能力。努力加强图书馆和信息服务领域的未来专业人才的引进。同时规定国家资助项目、合同或合作协议应用于图书馆文献资源的保存和数字化等活动上,重点优先考虑合作性、非重复性,及公共机构和图书馆之外的研究者利用的项目,包括国家、地区、州或地方制定应急预案,确保在灾难发生时使知识和图书馆馆藏得以保存等①。

从 2010 年 2 月 24 日起,根据美国《版权法》新修订的条款,美国国会图书馆开始接受仅以网络形式出版的出版物的缴送。此次政策修订的背景为,自 1989 年至今的 20 年间,网络出版逐渐成为基本的出版方法,近 5000 种学术电子期刊逐渐转为仅以网络形式出版。根据新规定,在美国国内仅以网络形式出版的电子出版物中(2010 年 2 月 24 日之后发行),电子期刊首先要根据版权局的要求进行缴送。仅以网络形式发行的电子期刊的著作权人或者拥有排他发行权的人,在接到版权局的通知后,必须在 3 个月内缴送一份完整的拷贝(或录音光盘),以及这些电子期刊的元数据、格式码。此外,还规定缴送的拷

---

①　卢海燕.国外图书馆法律汇编[M].北京:知识产权出版社,2014:479 - 480.

贝（或录音光盘）必须能让版权局、国会图书馆或得到两个机构授权的读者能持续访问阅读。

为将法律精神与网络数字新形势相适应，国会图书馆通过制度创新，积极探索并搭建了电子数字缴送平台。针对电子连续出版物，国会图书馆"战略发展办公室"（Office of Strategic Initiative）和"馆藏发展中心"（Repository Development Centre）牵头实施的"电子期刊/杂志保存项目"（Preserving Electronic Journals/Serials）为实现数字连续出版物网络缴送提供了支持。在法律条款的支持下，这一新项目被并入缴送管理系统（Deposit Management System，DMS），并且将该系统与电子版权管理系统（Electronic Copyright System，ECO）、馆内资源调拨系统（Content Transfer System，CTS）、国会图书馆统一电子系统（Integrated Library System，Voyage ILS）三个系统整合起来。

2. 特点

《版权法》和《国家影像保存法》共同构架了国会图书馆接受管理缴送出版物的法律制度。这一制度的核心概念是"版权"，国会图书馆的缴送制度全称为"版权缴送"（Copyright Deposit）。缴送的主体可以千变万化，但缴送客体所具有的共性是围绕"版权"这一核心的。这体现了美国社会对于知识产权的关注与保护，同时也为缴送制度明确了具体的行为关系。可以说这一具有法律效应的制度，是国会图书馆馆藏建设的核心基石。

二、馆藏发展政策

国会图书馆馆藏开发和具体的采访工作主要以"馆藏政策声明"（Collection Policy Statement）为基础开展。国会图书馆的"馆藏政策声明"支持图书馆履行责任,阐述了图书馆收集服务的范围、水平和目标,以实现图书馆的服务使命。国会图书馆的馆藏涵盖了几乎所有学科和研究领域,包括各种形式的出版物和文献类型,用于记录和存储知识,但是不包括技术农业、临床医学和未出版的国外博士学位论文(分别归入国家农业图书馆、国家医学图书馆和研究图书馆中心)。"馆藏政策声明"具体是指在每一类别下,国会图书馆应当针对哪类文献进行何种强度的采访,强度共六级,由低到高,从有相关信息到研究级再到最高的全面级①。国会图书馆的目标是制定足够包容性的声明,以确保满足图书馆不同客户的特殊需要。

图书馆的馆藏发展理念是从杰斐逊的观点之上发展而来的,即"所有学科都可能对国会、学者和研究人员有价值"。

自20世纪中叶以来,图书馆的馆藏政策声明一直在发展变化,并确立了以下三个基本原则,即"选择准则"。

①图书馆应拥有国会和各联邦政府官员履行职责所需的所有书籍和其他图书馆资料;

②图书馆应拥有记录美国人民生活和成就的所有书籍和其他材料(无论是原始形式还是副本);

③图书馆应以某种有用的形式,记录其他社会的过去和现在,并应以原始或复制、完整和有代表性的方式收集那些美国人民最直接关心的社会和民族的记录。

国会图书馆并没有采访所有出版的资料,而是根据版权缴送和其他采访政策,旨在确保图书馆获得重要的学术著作。在许多特殊形式

---

① 国会图书馆馆藏建设与政策办公室[EB/OL].[2017-10-15].http://www.loc.gov/acq/devpol/.

的收藏品中,重点是获取和记录与美国历史和文化有关的出版物,并从其他国家获得代表性的样本。

美国国会图书馆的数字资源馆藏发展起源于20世纪90年代,其所收藏的数字资源包括在线数据库、电子期刊、电子图书等。其中特色数字馆藏主要有美国文史、历史报纸、国际藏书、立法信息、老兵回忆、网络档案等①。美国国会图书馆采集数字资源的总则如下:是否符合未来美国国会和美国研究人员的信息需要,数字资源供应商的权威性,电子资源的特殊性,学术价值,是否仅以数字资源的形式存在,可能消失或被移除的数字资源,灰色文献等。除此之外,还应该考虑如下细则:可访问性,用户界面和搜索功能的易操作性,技术符合国际标准,将具有长期研究价值的资源进行永久保存。

根据1988年的《国家影像保存法》,国会图书馆需要对美国政治类广播、重要国内时事新闻等节目接受缴送和保存。国会图书馆为此与社会机构与私人技术公司积极合作,开发出了广播电视节目资源的在线实时抓取并同步传送的技术平台。例如,美国有线电视新闻网(CNN)每日十点施政新闻节目在现场首播的同时,就会通过传输系统传送到国会图书馆的数字资源管理系统内。除技术方面的开发以外,在制度方面,国会图书馆也为网络信息采集拓宽了思路与渠道,积极与其他私人公司,特别是电视网络运营商合作,开展对于广播电视节目进行回溯式打包购买、压缩保存等各种合作。

在全社会数字化的长期战略发展层面,国会图书馆还专门成立数字化保存部门,主要工作涉及"数字保存管理""数字保存拓展与教

---

① 高红,朱硕峰,张玮.世界各国图书馆馆藏发展政策精要[M].北京:海洋出版社,2010:30.

育"和"国家数字信息基础工程与保存"三个全国范围的服务项目。其中,"数字保存管理"是国会图书馆与其他 160 个合作组织,包括大学、非政府组织和非营利组织等,共同组建的针对个人和组织的文献数字化服务以及文献数字化的研发工作;而"数字保存拓展与教育"项目是国会图书馆针对全国范围内的个人和组织,开展的数字化文献保存与转化的教育、培训服务;"国家数字信息基础工程与保存"则是在国家层面,为全社会搭建文献数字化保存、开发所需要的一个平台,在平台内聚合相关方面的专家、公司等力量,共同为后世子孙文献数字化的使用进行科学和制度方面的探讨开发。

第二节　馆藏发展现状

截至 2017 年,美国国会图书馆馆藏量约 1.67 亿册(件),涵盖 470 种语言;收藏的手稿超过 7206 万份,是美国乃至世界最大的稀有书籍珍藏地点;拥有缩微文献 1721 万件,地图 558 万张,乐谱 819 万件;音频资料(包括光盘、磁带、有声读物及其他录制品)369 万件,视频资料 1568 万个,照片 1489 万张,移动图像 182 万张;除此之外,还保存了很多法律文献、电影。馆藏数量为全球最大①。

国会图书馆通过与 15 000 个外国政府和研究机构进行国际交换、赠送、购买,从美国其他政府机构转移和版权缴送等渠道获取文献。每天大约有 22 000 册(件)文献信息资源送到国会图书馆,根据《国会

---

① General Information [EB/OL]. [2017 - 10 - 12]. https://loc. gov/about/general-information/#year-at-a-glance.

图书馆馆藏政策声明》,每天约有 10 000 册(件)文献信息资源成为永
久馆藏。

国会图书馆开发了网络信息资源的抓取、传送技术与机制。国会
图书馆值得关注的是——"美国记忆"(American Memory)项目。该项
目是国会图书馆启动的国家数字图书馆项目(National Digital Library
Program,NDLP)。其核心目标是对有历史价值、文化艺术价值的文献
进行数字化保存以及实现网络化发行。发展至今,"美国记忆"项目为
全美社会提供了在线免费获取的数字化文献超过 900 万件,内容涵盖
包含美国历史、建筑与景观、城市、文化与民俗、环境保护、政府与法
律、早期移民与美国扩张、文学、地图、表演艺术与音乐、总统、宗教、体
育与娱乐、技术与工业、战争与军队、美国女性历史等门类,囊括了美
国历史和社会的各个方面。这些文献可来自手稿、地图、照片、电影、
音乐、书籍等各类文献,在数字化并被搬上网络后,"美国记忆"项目还
会为其搭配翔实的文字介绍,通过这些介绍中的关键词可以方便读者
查找、使用和理解。同时,国会图书馆专家和咨询团队还在国会图书
馆网站上提供在线关于"美国记忆"文献的咨询服务。该项目对国会图
书馆的馆藏进行了再开发、再利用,创造了新的在线馆藏空间,提升
了社会服务能力,同时提高了文献利用价值①。

2017 年,国会图书馆共完成了美国国会、其他联邦机构及公众超
过 100 万条参考服务请求,完成 45 万条版权登记,为 47 万残障人士
流通超过 2000 万册的盲文文献与特殊文献,馆内流通超过 100 万册
的文献,完成超过 1000 万册馆藏实体文献的长期保存工作,完成 1.67

① American Memory:Migrated Collections[EB/OL].[2017 - 10 - 12].http://
memory.loc.gov/ammem/index.html.

亿册(件)文献的入藏。其中,完成了 2436 万册(件)的图书编目工作,完成 6.31 亿美元的预算执行,接待了 1.1 亿次来访;官方网站承载了 5.03 亿次点击。

由于文献量巨大,人力有限,所以文献保存并不是针对每一件文献开展,国会图书馆成立了专门的文献保存指导办公室(Preservation Directorate)连同四个部门(装订及藏品护理部、载体转换部、文献保护部、文献保存研究与检测部)[①],对总量为 1.6 亿种的文献保存工作的优先性进行规划和甄别。

此外,国会图书馆特别成立了保存索引委员会(Preservation Index Committee),该委员会负责综合相关科学研究力量,研发并制定出针对该载体文献所需要的长期保存条件和标准。该委员会称其职能是为美国社会实现"超越永远"(Beyond Forever)的文献保存,要求主要文献的保存要超过 200 年以上。为此,国会图书馆不断开拓馆藏区域,如 2007 年在弗吉尼亚新开辟的馆区专门服务于特殊载体和音视频文献,并不断引用新技术、拓宽馆区空间,保障了每一种文献和载体能够在最适合保存的温度、适度和酸碱度中保存,并且能够分区保存[②]。

---

① HARRIS K E,SCHUR S E. A Brief History of Preservation and Conservation at the Library of Congress[J/OL]. [2017 – 12 – 01]. http://www. loc. gov/preservation/about/history/pres – hist. pdf.

② WEISSMAN K. The Library of Congress Unlocks The Ultimate Archive System [J/OL]. [2017 – 12 – 01]. https://library. creativecow. net/weissman_ken/library_of _congress/1.

第三节　馆藏发展战略

为积极迎接未来的发展与新的领导团队,国会图书馆制订了更为开放应变的五年战略规划,以部署 2016—2020 年财政年度的发展。在 2016—2020 年财政年度,国会图书馆将持续通过丰富的馆藏、专业的指导、项目和其他资源为国会议员、美国公民、全球研究人员服务,通过多样化的途径帮助用户制定决策并增进福祉①。

该计划将通过以下途径得以实现:

①采集、编目、保存并提供高品质的馆藏资源;

②利用高尖端技术手段;

③采用最佳的管理方法;

④营造学习氛围以提升员工能力;

⑤通过线上资源、公共项目、出版物等共享知识;

⑥与全球业界同行及新伙伴开展合作,以共享馆藏、资源与专业技能。

2016—2020 年为周期的战略规划主要内容如下:

第一,尽最大可能为国会、联邦政府和美国人民提供权威、真实、无党派的研究、分析与情报服务。①满足国会的研究和情报需求是国会图书馆的最终目标。图书馆的相关产品和服务优先满足国会的研

---

① 2016—2020 Library of Congress Strategic Plan[EB/OL].[2018 – 05 – 02]. https://www. loc. gov/portals/static/about/documents/library _ congress _ stratplan _ 2016-2020. pdf.

究需要,同时根据国会的需要配备相关专业人员。②持续满足用户获取信息的需求,并为国会、联邦政府、美国人民提供安全的信息传递。图书馆以用户为中心,提供最高质量的服务以满足今后的立法情报需求。其中,国会网站是为国会议员、工作人员以及公众提供信息的主要途径。

第二,采集、描述、保存全球知识馆藏及关于美国创造力的记录,并向读者提供信息获取服务。①强化馆藏发展政策确保图书馆采集的文献资料形式可以满足现今和未来的用户需求。通过研发新的系统来描述图书馆的馆藏,实现更广泛的资源获取;持续提升馆藏空间及存储能力以满足不断增长的实体馆藏、虚拟馆藏的需求;提升图书馆的馆藏服务,支持不断增长的、多样化的数字馆藏项目。②保存不同类型的文献以确保馆藏的长久生存力。采用最为先进的保存技术手段,支持前沿发展与研究。③选民可安全获取图书馆资源,同时享有隐私权和知识产权服务。④任何类型、馆藏地的文献都将被有效、安全保存。

第三,在《版权法》的框架下,根据公众的需求与美国版权保护办公室共同研制现代化的版权系统和相关手续。图书馆支持版权登记人员依法执行《版权法》的职责,有效服务于作者和公众的权益。与版权办公室共享相关数据,实现高效的版权缴送程序。

第四,通过社区服务和国内外合作,促进和支持研究、创新、终身学习。通过国内、国外的项目促进终身学习,通过网络、项目和社交媒体提升馆藏的利用。

第五,激发图书馆员的活力,提升工作业绩。图书馆激励员工获取更多的新技能,通过培训、职业发展规划和相应机制提升员工的领导力、知识迁移能力,使员工发挥最大的潜力。

第六,配备多样化的、先进的技术设施,采用先进的技术标准。图书馆的信息技术管理对图书馆的发展起着至关重要的作用,应合理有效地管理、监督和提供支持。

第七,通过有效的组织和管理手段使图书馆不断适应变化的环境,采取新的方式和途径去实现馆藏发展目标。

同样,我们能够看出在五年战略发展规划的层面上,国会图书馆也关注了从大到服务国会决策小到员工激励的各类问题,并积极利用自身作为社会重要信息机构的优势,将信息利用、学习、沟通作为重要手段。换句话说,是用信息化武装自己,再武装社会、国会。而在宏观目标上,也与法律赋予的职能职责相洽。另外,相比我国国家图书馆,版权保护和管理是国会图书馆独有的一个工作重点,将版权管理提到重要发展项目也体现了规范化、法治化的指导思想。总而言之,可以用国会图书馆提出的核心价值来概括其战略发展规划:践行麦迪逊总统的信念;强调全美国人民智力开化的重要性;提倡信任,保护隐私,公平公正对待每一位公民、透明执行决策、坚持民主原则、开放接受新的观念来践行诚信;清晰地沟通,为每一位用户提供高质量的服务;充分发挥合作,勇于开拓进取并接受挑战;增强图书馆员工、馆藏及用户的多样化。

第四节　文献战略储备库

国会图书馆占地三座美国国会山。1800 年,图书馆开始于美国国会大厦,1897 年,建成托马斯·杰斐逊大厦,是独立的国会图书馆建筑。1938 年,建成约翰·亚当斯大楼。1981 年,杰姆斯·麦迪逊纪念馆竣工。2002 年,在米德堡建成高密度存储设施。2007 年,在库尔佩珀建成视听保护中心。尽管如此,自 20 世纪末以来,国会图书馆的馆藏以每年新增 35 万件的速度快速发展,国会山的馆舍空间越来越紧张,越来越不能满足馆藏存储的需求,针对这一问题,国会图书馆决定在馆外另觅地点建立文献储备库①。

1. 位置、规模和距离

国会图书馆文献储备库是目前美国规模最大的联邦级文献储备库②。该储备库位于马里兰州,附近有美国国家安全局、美国国家档案与记录管理局等机构。该储备库建在米德堡的一个军事基地上,总面积约 1.7 万平方米。距离位于华盛顿国会山后面的美国国会图书馆不到 1 个小时的车程,约 40 公里。该地块于 1994 年划归国会图书馆和其他立法机构。

2. 总体规划

该储备库的建设包括物流中心、版权存储设施和文献存储库。国会图书馆计划利用这片地皮建设 13 座功能各异的模块型书库。文献存储库目前是 4 个存储模组和 4 个冷藏室,存储模组可扩建至 13 个,计划将于 2027 年全部建成,总存储面积可达 17 000 平方米。

存储库的一侧即是行政管理区、加工区、装卸口和流通区域。另

---

① 王世博,王六长. 国际文献储备库建设案例研究——以英、美、加、法四国为例[J]. 农业图书情报学刊,2018(4):96 – 100.

② 翟建雄. 图书馆文献储备库:国外建设模式及比较分析[J]. 法律文献信息与研究,2016(1):6 – 15.

外,存储模组Ⅱ建设计划中包括一个供所有模组灭火使用的储水和抽水设施。在存储模组Ⅲ和Ⅳ的建设中还包括一个工作区域,在这里,工作人员可为新到的特殊格式文献的储存做准备,建有一个装卸口和一个用以监控新到文献虫害情况的隔离观察室。

3. 存储系统

美国国会图书馆的异地文献存储库采用的是哈佛模式的系统设备,以这种高密度的存储方式,1115 平方米的面积可存储 3540 立方米的文献资料。

4. 存储模组

(1)存储模组Ⅰ和Ⅱ

存储内容及方式:这两个模组是高架库,主要用来存储书籍和期刊合订本,将其按大小装在同样高度的 10 种不同型号的箱子里,放置在约 9.2 米高、0.9 米深的双面搁架上。

面积和利用情况:目前,这两个存储模组已全部利用,1905 平方米的面积上存储了 380 万册左右的文献。

(2)存储模组Ⅲ和Ⅳ

存储内容及方式:这两个模组也是高架库,为了放置存储多种特殊样态文献的集装箱,如三维容器、大型的纸板箱等,其搁架是专门定做的,共有 22 803 个,除此之外,还有带有 12 000 个抽屉、约 1.5 米高的地图盒,用以存储地图和一些特殊版式的印刷品。

面积和利用情况:这两个模组总面积约 2300 平方米,目前已使用98%,存储了 1 亿件手稿,230 万册(件)印刷品、绘图、照片和海报,210 万册乐谱,54.2 万张地图和 180 万册(件)美国各州的民俗文件。

高密度图书馆仓储设施不仅能够解决空间不足的问题,而且能够提升管理效率及成本效益。这种存储方式可存放的文献资料是图书馆传统书架的 15—20 倍。具体来说,高密度的存储方式具有如下特点:用于存储大量的图书馆馆藏资料(至少数十万册);通常与传统的图书馆书库分开,且大都为异地存储;为使存储量最大化,文献按尺寸大小整理存放;大多提供恒温(约 10 摄氏度)和恒定的相对湿度(约30%),确保资料保存的品质,提高资料的存储年限。

其中,自动化存储系统不仅能够最大化地利用空间,而且自动化设备上架的效率是人工的 10 倍,可有效节省人力成本,同时,图书馆可以更有弹性地管理和调整图书馆文献存放政策。

5. 冷藏室

(1)存储文献的性质

四个冷藏室主要用来存储胶片格式的文献资料。

(2)面积和可存储量

每个冷藏室相当于一个存储模组的大小(1162 平方米),总面积约 4700 平方米,内有 12 798 个搁架,共可存储 650 万张(件)底片、幻灯片和有色印刷品以及 50 万卷缩微胶卷。

(3)温湿度控制

因为较低的温度能够增加文献的存储年限,所以冷藏室的温度比4 个存储模组的温度要低很多。而且根据文献格式的不同,这 4 个冷藏室的温度也有所差别,其中 3 个冷藏室的温湿度是 1.6℃ 和 30% 的相对湿度,另一个则是零下 3.8℃ 和 30% 的相对湿度。为了防止结露和脱膜,送到国会图书馆之前,工作人员必须将文献放在一个 10℃ 和30% 相对湿度的平衡间里过渡。

6. 建设投资

目前,美国国会图书馆位于米德堡的文献储备库正在筹划建设第五个存储模组,其已建成的存储模组和冷藏室的投资如下:

(1)模组 I（包括办公区域、装卸口、机械室等）于 2002 年竣工,共投入 545 万美元。

(2)模组 II 和储水设施于 2005 年竣工,共投入 965 万美元。

(3)存储模组 III 和 IV 和四个冷藏室竣工于 2009 年,共投资 4070 万美元。

7. 环境控制

(1)控制系统:该储备库采用 HVAC 系统,对温湿度、空气质量、建筑材料、光照和防火等进行严格控制。

(2)温湿度控制:此系统能够为存储模组保持 10℃ 的恒温和 30% 的恒定相对湿度,且能控制 90% 以上区域里的微粒和有害气体的含量。

(3)照明:所有的存储模组均使用紫外线非常低的高压钠灯来照明。

(4)防火设备:每个模组内都装有最先进的防火系统,符合消防法规水喷淋系统安装标准（NFPA13）和博物馆图书馆宗教场所历史遗产等文化资源保护标准（909）以及国家档案与文件署（NARA）标准。

(5)建筑材料:为了将外界温湿度的影响降到最低,该储备库的外墙使用的是非常厚实绝缘的预铸混凝土板。

(6)效果:可以将文献的存储年限提高 6 倍。

8. 文献的运输

为了防止灰尘、光照和水的损害,文献在运输途中,都放在带盖子的盒子里或无酸的信封和文件夹里。

9. 文献的加工

文献存储之前先在真空设备里进行处理,然后进行编目和贴条形码,以便通过一定的架位编号准确地定位文献。

10. 文献的查询与服务

自 2002 年存储模块 I 投入使用以来,文献的索取超过 19 万次,而且拒绝率为 0。因距离较近,文献在半日之内即能送达国会图书馆,所以储备库为读者提供每天两次的传输服务。

第三章　英国国家图书馆的文献信息战略保存

第一节　文献信息资源建设政策

一、缴送制度

1. 法律依据

1662 年起,英国法律中就有关于法定缴存的规定,2003 年 10 月 30 日,英国众议院通过《法定缴存图书馆法(2003)》①,取代《版权法(1911 年)》第 15 条关于印刷型出版物和类似出版物(包括在线出版物和离线出版物)的缴存规定,要求每一份英国印刷出版物的复本必须由其出版商送交到英国国家图书馆和其他五个缴存图书馆,并对缴存资料的使用、保存及相关事宜做出规定。

从 2013 年 4 月 6 日起,法定缴存还涵盖了数字出版和在线出版的资料,使缴存图书馆可以提供英国非印刷型出版的国家档案,如网站、博客、电子期刊和 CD-ROM。自此,缴送制度包括电子书、电子期刊和其他类型的电子出版物,以及英国境内公开发行的实体电子资源,例如光盘、缩微胶卷、互联网上的资源(包括网站)和可下载的资源。

---

① Legal Deposit Libraries Act 2003[EB/OL]. [2017 - 12 - 01]. http://www. legislation. gov. uk/ukpga/2003/28/pdfs/ukpga_20030028_en. pdf.

缴存图书馆有:英国国家图书馆委员会、苏格兰国家图书馆、威尔士国家图书馆、牛津博德利图书馆、剑桥大学图书馆、都柏林三一学院图书馆。

2. 印刷出版物

《法定缴存图书馆法(2003)》规定,任何人在联合王国境内出版适用《法定缴存图书馆法》的作品后,须自付费用送交一份复本至指定地址(一般或特定情况下),该地址由本条规定的缴存图书馆指定。印刷型出版物包括:图书(包括小册子、杂志和报纸)、凸版活字印刷品或乐谱、地图、规划图、图表或表格以及任何上述作品的一部分。版本的变更,包括更正、修正或附件,都需要缴存,但是已在联合王国境内以相同载体形式出版的实质相同的作品不需要缴存。除此之外,除非某个缴存图书馆提出了书面要求,否则出版商无须缴送以下这几种类型的资料,例如内部报告、试卷、当地交通时刻表、记事簿、日历、台历以及海报等。如实质相同的作品,在联合王国境内以一种以上的载体形式出版,则只缴送某一种载体形式,并且该种载体形式由国务大臣制定的条例规定。国务大臣可以制定条例,规定作品视为或不视为实质相同的特定情形。值得注意的是,是否应缴送的判断取决于该作品是否已面向社会出版发行,而不是取决于是否有 ISBN 或 ISSN 号。

英国国家图书馆委员会有权接受所有印刷型出版物复本。复本必须自出版之日起 1 个月内送交,送交时的复本应与为在联合王国境内出版而制作的最佳品质复本相同,委员会必须出具书面收据(可以是电子方式或其他方式)。

苏格兰国家图书馆、威尔士国家图书馆、牛津博德利图书馆、剑桥大学图书馆和都柏林三一学院图书馆的主管机构作为缴存图书馆有权接受其要求的印刷型出版物复本。缴存图书馆的送交要求必须以书面形式提出(可以是电子方式或其他方式),送交要求可以在出版前提出,并且特殊情况下,可以针对百科全书、报纸、期刊或其他作品所有将要出版的期次或部分。自出版之日起的 12 个月后,不得提出送交要求。作品的复本必须在出版之日或如有延迟,收到送交要求之日后 1 个月内送交。送交时的复本应与为在联合王国境内出版而制作的最多数量的复本相同。

《法定缴存图书馆法(2003)》规定,当出版人未履行送交义务时,图书馆可依据法庭规则向郡法院(在苏格兰,向郡司法官)申请命令,要求出版人履行义务。如果出版人不能履行义务或者因其他原因,不宜做出履行义务的命令,郡法院或郡司法官可做出替代命令,要求出版人向图书馆支付一定数额钱款,总额不得超过因出版人不履行义务而产生的费用。

3.非印刷出版物

2000 年 1 月,英国的出版商代表与英国国家图书馆签订了网络出版物自愿缴送协议,标志着英国国家图书馆开始接收自愿缴送来的网络出版物①。

2003 年,《法定缴存图书馆法(2003)》将在线出版物也纳入缴送范围。非印刷型出版物包括规定种类的作品,但不包括仅由录音、电影或由录音和电影组成的作品,或类似作品和仅仅是附属于上述作品的资料。除在线出版物送交复本的载体形式外,其余均以作品出版时的载体形式送交复本。国务大臣可以制定条例,对非印刷型出版物缴

---

① 王志庚,陈瑜.国外网络信息资源缴送动态及对我国的启示[J].图书馆杂志,2011(10):79 - 82.

存进行补充规定,特定情况下,可以规定任何缴存图书馆开始或者不再有权接受缴存的时间或情形;规定送交作品复本时,一并送交访问该作品所需的计算机程序和信息的复本,以及附属于该作品并提供给公众的手册和其他资料的复本;规定与出版或其他事件相关的一段时间内送交复本;允许或要求以电子方式送交复本;当作品存在为出版而制作的不同品质复本时,指定应送交复本的品质;当作品以不同的形式出版或提供给公众时,规定送交复本的形式应按缴存图书馆或它们中的任何一个(一般或特定情况下)指定的要求来确定;规定在线出版物视为或不视为在联合王国境内出版的情形;规定在线出版物送交复本的载体形式。版本界定及罚则与印刷出版物相同。但是除国务大臣通过条例规定允许相关人员从事相关行为外,相关人员不得从事使用相关资料(无论使用是否必须制作相关资料的临时复本)、复制相关资料(为使用相关资料而必须制作临时复本的除外)、对包含计算机程序或数据库的相关资料进行改编、将相关资料借予第三方(缴存图书馆在其馆舍内借予读者使用的除外)、将相关资料转让给第三方、处置相关资料等行为。

2007年3月,英国法定缴存顾问团与英国国家图书馆共同再次确认了《离线数字及缩微出版物的自愿缴送方案》。

2013年4月6日,英国正式开始实施电子出版物法定缴存制度。电子书、电子期刊、可被存储在CD-ROM和缩微制品中以及在网络上(包括网站)和从网站下载的电子资源,将被送存至缴存图书馆,以实施对国家文化和数字格式内容的收集和保存。但是,法案和法规规定的应缴送的资源未包括单位内部网络、电子邮件、保密的个人资料、电影胶卷以及唱片,但附于其他出版物中的音乐、声音和视频需要缴送。

二、馆藏发展政策

根据 1972 年 7 月 27 日的《英国图书馆法》,英国国家图书馆综合收藏各类书籍、手稿、期刊、胶片以及其他记录资料,其中包括印刷型资料及其他类型的资料。2006 年,英国国家图书馆发布了专门的内容战略《满足国家的知识需要》,明确了选择内容的标准和经费分配的原则,以及建设与利用内容的方式。面对技术的持续改进、用户预期的不断更新以及已发表和未发表内容海量且复杂的情况,英国国家图书馆认为研究出版物应该得到更为广泛的利用,甚至实现免费使用。因此,2013 年,它又发布了新的内容战略《从存储知识到智能知识》,重点阐述了对数字内容建设的倾斜和对链接内容的重视[①]。

英国国家图书馆的 2013—2015 年内容战略(Content Strategy)主要指导馆藏发展决策[②],针对使用采访预算(目前每年约为 1500 万英镑)购买的海外文献以及仍将主要通过法定缴存制度保障收集的英国本土资料。馆藏来源有法定缴存、自愿缴存、购买、捐赠和交换等。英国国家图书馆收集了大约 95% 以上的英国出版物副本,还通过购买和捐赠的方式大力收集对英国与全球文化传承具有意义的材料。同时,在内容战略的指导下,它还根据学科类型(艺术与人文,社会科学与自然科学,技术与医学)和科目选择资源及建设内容,突出学科内的重点

---

① 魏蕊,初景利,王铮等. 大英图书馆三十年(1985—2015)战略规划解读[J]. 国家图书馆学刊,2015(5):16 - 24.

② From Stored Knowledge to Smart Knowledge:The British Library's Content Strategy 2013 - 2015[EB/OL]. [2017 - 10 - 13]. https://www.bl.uk/aboutus/strat-polprog/contstrat/british_library_content_strategy_2013.pdf.

科目并覆盖所有格式内容,同时结合研究价值满足多学科的研究需要,概括为以下 11 个关键原则:

（1）图书馆首先在学科和主题方面提出内容发展

（2）阐明每个学科中的少数主题优先事项

选择优先事项的标准如下:

①图书馆可以为研究人员提供特别丰富的内容和服务;

②研究者对该主题内容有强烈的研究需求;

③该主题是英国研究资助的优先事项;

④研究者无法通过其他渠道获得足够的服务。

2015 年,为了应对不断变化的环境,会重新审视这些优先事项。

（3）注重跨学科内容,不再注重格式

继续开发的内容格式包括网络档案、遗产档案和手稿、地图、知识产权文件、政府出版物、新闻媒体和视听资料,需要平衡学科主题和格式。

（4）根据法定缴存制度获取的英国出版物提供了内容发展的基础（如果在范围内）

①围绕国家利益,每年采集大量免费访问的英国网站,并进行更为集中的收集;

②已经开始电子期刊、电子书、数字报纸的选择、归档并提供阅览服务,已经加速英国印刷型馆藏向数字化转换;

③当可以采集到相同内容的数字版本时,将停止采集印刷型版本,采用各种方法,确保印刷型版本转换到数字版本的安全过渡,平衡脆弱类型文献的当前需求与长期保存的矛盾;

④非印刷型法定缴存文献仅限于法定缴存图书馆内使用;

⑤继续在自愿框架下采集未纳入法定缴存范围的资料,如收集英国视听内容。

(5)根据研究价值选择内容

不再按传统根据出版国、位置或语言选择内容,而是更注重研究价值,无论这些内容是法定缴存、自愿缴存、捐赠、从英国或海外采购。

(6)链接内容将变得更加重要

除了法定缴存、自愿缴存和捐赠之外,如果技术可行,部分内容又不需要长期保存时,英国国家图书馆将更倾向于链接内容。链接内容并不是免费的,需要在选择内容和管理访问上予以投入。在这种情况下,需要考虑长期保存的要求,并将根据服务需要,将获取和再利用权利(可以是固定期限或永久性)作为许可/购买协议的一部分进行谈判,同时,对用户明确说明哪些资源是链接内容,哪些资源是长期保存。

(7)将支持跨学科和多学科的研究需求

确定适合的跨学科和多学科的优先事项。通过特定的主题(例如,体育和社会)积极地开发跨学科的内容。区域研究,将开发和管理个体学科和区域研究之间的关系。

(8)继续投资遗产材料

继续通过购买和捐赠,积极采集对英国和全球遗产具有重大意义的物理的和数字的资料。

(9)对采购预算进行战略性审查

优先数字内容的采集和链接。除了法定缴存,将通过数字自愿缴存(例如音频)和数字捐赠(例如作家和科学家的个人数字档案)来采集资源;将继续许可和订阅数字内容,以便为用户提供更好的功能;将链接到动态数字内容,如数据库;为了成规模地采集和链接数字内容,将继续在内容生命周期中对数字基础设施进行从采访保存到链接获取的改进。

（10）通过策划增加内容的价值，鼓励用户通过社区增加价值

（11）开发"没有围墙"的访问方式

第二节　馆藏发展现状

英国国家图书馆的前身是英国国家博物馆阅览室，正式开放于 1857 年 5 月 2 日①。1972 年，英国议会通过《英国图书馆法》，这部法律规定英国国家图书馆由英国国家博物馆的图书馆部门（包括国家科学和发明参考图书馆）、国立中央图书馆和国家科学技术外借图书馆（馆际互借中心，位于约克郡波士顿斯帕）等机构合并而成。1974 年，英国国家书目和科技信息办公室加入英国国家图书馆。1982 年，印度事务处图书馆加入英国国家图书馆。1983 年，国立有声资料馆也成为英国国家图书馆的一部分。

英国国家图书馆是世界上主要的研究型图书馆之一，馆藏超过 1.5 亿册（件），物理馆藏超过 720 公里书架长②，每年增加约 300 万册（件）的新馆藏③，是全球藏书量较大的图书馆。馆藏包括印刷型出版

---

① 关于大英图书馆［EB/OL］.［2017 - 10 - 13］. http：//www. britishlibrary. cn/zh-cn/about-british-library/.

② British Library Annual Report and Accounts 2016/17［EB/OL］.［2018 - 04 - 05］. https：//www. bl. uk/aboutus/annrep/2016 - 17/Annual% 20Report% 202016 - 2017. pdf.

③ Facts and figures［EB/OL］.［2017 - 10 - 13］. http：//www. bl. uk/aboutus/quickinfo/facts/.

物和非印刷型出版物,如书籍、手稿、期刊、报纸、杂志、剧本、图纸、专利、数据库、地图、图画、乐谱、音频、视频制品等,还包括国家报纸档案、国家邮票收藏和印度事务部档案。有些藏品可追溯至数千年以前,有些则属于数字时代,馆藏文献涵盖了 400 多种语言,是一代又一代人的知识结晶①。其中包括来自世界各地的 300 多万份声音记录,最早的资料可追溯到 19 世纪末期;800 万张邮票和其他集邮项目;31 万份手稿;6000 万份专利;超过 400 万幅地图等。英国国家图书馆馆藏珍品包括《大宪章》(*Magna Carta*)、南非前总统纳尔逊·曼德拉的法庭宣言录音资料、著名画家达·芬奇的笔记以及甲壳虫乐队的创作手稿。其中最庞大的藏品是《克兰基地图集》(*Klencke Atlas*),它是全球最大的地图集之一,打开后的尺寸有 176×231 厘米。

21 世纪以来,英国国家图书馆数字馆藏的增长继续加快。2016—2017 年,数字图书馆系统增加了近 7.3 万册电子书和超过 112 万篇的电子期刊文章(电子书和电子期刊文章的总馆藏量分别超过 12 万册和 200 万篇)。2016 年开展英国网络采集工作,进行的第四次英国域内网络爬虫收割资源约 70TB,据估计,大约有 2 亿个网络遗产(包括网页、图像、视频和文档)和约 1200 万个网站。

第三节　馆藏发展战略

英国国家图书馆致力于将英国图书馆发展成全球信息网络中的

---

① 关于大英图书馆［EB/OL］.［2017 – 10 – 13］. http://www. britishlibrary. cn/zh-cn/about-british-library/.

主要枢纽,为英国的经济和社会发展及文化传承做出应有的贡献。

一、《2020 年愿景规划》①

英国国家图书馆于 2010 年制定了未来 10 年的发展规划,描绘了 2020 年年末的世界大环境,主要有四方面:科技快速发展;信息用户的要求越来越高;信息来源更多元化;人们更多地以合作方式开展学习。知识机构需要通过改造自身来提升效率并宣扬自我价值。

在未来 10 年,英国国家图书馆提出 5 个优先发展的战略:

①确保未来的英国国民能够无障碍获取英国图书馆数字存储资源;

②任何想做研究的人员都能够得到英国国家图书馆能力范围之内的帮助;

③支持重要领域的研究,促使其产生经济和社会效益;

④通过数字存储丰富英国国民的文化生活;

⑤引领并共同促进世界知识储备的发展。

在未来 10 年的图书馆战略中,英国国家图书馆非常重视数字存储的作用。

二、《不断生长的知识:英国国家图书馆 2015—2023 战略》②

2015 年 1 月 16 日,英国国家图书馆网站发布了《不断生长的知识:英国国家图书馆 2015—2023 战略》,提出了六大发展目标,分别是

---

① 2020 Vision[EB/OL].[2017-10-13]. http://www. bl. uk/2020vision.

② Living Knowledge – The British Library[EB/OL].[2017-10-13]. https://www. bl. uk/projects/living-knowledge-the-british-library-2015-2023.

保存、研究、工商业、文化、学习和国际化。《不断生长的知识：英国国家图书馆 2015—2023 战略》阐述了英国国家图书馆将如何在研究、文化、教育和经济繁荣中做出贡献，以此为英国及世界各地的用户与合作伙伴带来助益。该计划强调，英国国家图书馆的使命是让其馆藏的知识遗产能被任何人获取，供人们研究，或给人们带来灵感和娱乐[①]。

第一，保存功能，建设、管理并保存英国国内出版的纸质和数字化资源。这是首要及核心目标，预计馆藏大约在 1.5 亿至 2 亿册（件）之间，包括图书、期刊、报纸、专利、地图、印刷品、手稿、邮票、照片、录音、各类型的数码出版物以及超过 20 亿页的英国网页内容。为此，在 2015—2023 年间的战略优先项一是满足对于历史音频和音乐录制藏品日益增长的保护和访问需求；二是与英国的非印刷缴送机构合作，建立国家的原生数字内容采集和长期保存；三是提高位于约克郡的波士顿斯帕馆的馆藏管理能力，为其他公共组织提供共享服务，以提高公共组织的效率。

第二，研究功能，扶持并鼓励各类研究。为了履行作为国家研究图书馆的职责，支持任何人求知领域内新知识的积极创建活动，为此，在 2015—2023 年间的战略优先项是：确保图书馆的在线设施和阅览室服务能够满足研究人员不断变化的需求；开发图书馆远程访问服务，使其成为可供各地研究人员进行事实调查、研究和分析的一个值得信赖和不可缺少的资源；充分利用图书馆的馆藏和专业知识，推动大规模数据分析领域的创新，使更广泛的英国研究人员从中获益；加

[①] From Stored Knowledge to Smart Knowledge：The British Library's Content Strategy 2013 – 2015[EB/OL]. [2017 – 10 – 13]. https：//www. bl. uk/aboutus/stratpolprog/contstrat/british_library_content_strategy_2013. pdf.

强与合作伙伴之间的联系,增强图书馆作为独立研究机构的能力①。

第三,工商业功能,助力企业创新和成长。通过向所有形式的商业组织提供研究、专利和咨询,从而支持英国国家创新和经济增长。为此,在2015—2023年间的战略优先项是:加强与合作伙伴的合作关系,确保区域性商业和知识产权中心网络延伸至20个英国城市图书馆;发展和开放圣潘克拉斯商业和知识产权中心,以便最大限度地发挥其作为知识交流和创新中心的潜力②。

第四,文化功能,通过难忘的文化体验与每个人建立密切联系。通过适当方式揭示馆藏,使广大公众尽可能地获取、欣赏和接触到馆藏;支持创意产业,重新诠释信息内容和数据。为此,在2015—2023年间的战略优先项是:拓展图书馆文化活动的产品组合、多样性和创意影响力,包括现场和在线两种方式;通过与公共图书馆和其他机构合作,制订外借、巡展和数字化合作计划,向英国境内外公众开放馆藏③。

第五,学习功能,启发年轻人和各年龄段的学习者。激励和启发未来的研究人员,不仅是要讲故事,而且是鼓励质疑精神。为此,在2015—2023年间的战略优先项是:改进和拓展现场接待能力,以应对在校学生、青少年、家庭及当地社区数量的增长,使其能够接触到馆藏;扩大网上可获得的教学资源以及第一手资料的范围④。

第六,国际化功能,与世界各地建立合作关系,传递知识并相互了解。通过利用数字化使全球更多的人能够访问所保存的知识遗产。为此,在2015—2023年间的战略优先项是:加强与国际地区之间的联

---

①②③④　曲蕴,马春. 不断生长的知识:大英图书馆2015—2023战略[EB/OL].[2017-10-13]. https://wenku. baidu. com/view/7a2d6cbb804d2b160b4ec0ef. html.

系,包括南亚和中东,他们的图书馆馆藏强烈反映出其国家的文化和历史;在欧洲国家图书馆网络中占据专业领导地位,对全球分布的数字图书馆发展做出贡献;通过提升能力来支持那些馆藏面临战争或国家突发事件风险的机构①。

三、数字保存战略

英国国家图书馆最早在 2006 年之前就开始注意到数字存储的重要性,并制定了 2006—2016 年的图书馆数字存储战略,确保读者能够永久性地无障碍获取数字资源。在 2012 年,英国国家图书馆在回顾 2006—2012 年数字存储取得成就的基础上制订了《2013—2016 年英国国家图书馆数字保存战略规划》,提出了以下 4 个战略:①确保数字知识库能够长期保存数字资源;②在整个数字存储的生命周期过程中能够有效地管理存在的风险和挑战;③将数字化可持续发展作为数字图书馆的规划原则;④从与国内外机构在数字存储中的合作中收益。2013 年,英国国家图书馆发布了其实现 2020 年愿景,即到 2020 年通过点对点的工作流程来传递和保存数字资源,以实现数字馆藏的长期有效保存,确保今后用户的使用。截至 2016 年,英国国家图书馆已经拥有 70TB 的信息存储量。

2017 年,《2017—2020 年英国国家图书馆数字保存战略规划》发布,以实现英国国家图书馆制定的 2020 年愿景。规划了未来三年的 4 个战略:

---

① 曲蕴,马春. 不断生长的知识:大英图书馆 2015—2023 战略[EB/OL]. [2017 – 10 – 13]. https://wenku. baidu. com/view/7a2d6cbb804d2b160b4ec0ef. html.

（1）更新并提升现有的数字知识库技术设施

一个新的数字知识库和一组保存工具将被用于保存和管理数字馆藏：

①一个新的知识库技术设施将被用于馆藏内容和元数据的长期保存；

②一组集成保存套件将提供知识内容保存和内容长期保存中已知和潜在的风险管理；

③维护文件完整性，适当复制对象，既包括内容也包括元数据。

（2）获取长期保存的数字馆藏

无论资源的类型和形式如何，均将长期保存的内容和元数据纳入图书馆的数字知识库。

①适时处理当代或历史上的数字化或原生数字资源；

②元数据将被获取并链接到它所描述的内容。

（3）管理与报告

提供内容被适当管理和保存的保证和证据的过程。

①生成管理信息以显示字节级完整性；

②对特定馆藏进行手动采样，确保内容和过程符合图书馆的数字保存政策；

③员工将具备提供数字馆藏的有效技术和策展管理所需的技能；

④过程将被记录并符合数字保存策略。

（4）访问指定社区

数字馆藏访问将是及时和可靠的：

①内容将从图书馆的长期保存库传递给用户；

②用户可以对内容的完整性及其来源有信心①。

第四节　文献战略储备库

在西约克郡波士顿斯帕储备库修建之前,英国国家图书馆馆藏空间日趋紧张,已经不能满足入藏需求,文献资料分散存放在伦敦租赁来的各个小书库中,这些库房都不能达到存储的环境要求。2003年,英国国家图书馆预计数字馆藏、存储和保存方面的压力会不断增长,为波士顿斯帕库区制订了百年发展计划,预留了充足的发展用地。2005年12月,西约克郡波士顿斯帕储备库开工建设,2007年3月竣工②。

1. 位置和交通

该储备库地处英国中部西约克郡利兹市波士顿斯帕,在距离伦敦主馆区201公里处,原为军事基地,后划拨给英国国家图书馆。此处交通十分便利,能够保证对全国图书馆的文献提供服务。该储备库主要存放利用率较低的文献资料,利用率较高的移至英国国家图书馆位于圣潘克拉斯的总部。

---

① BL_Digital Preservation Strategy_2017—2020. pdf[EB/OL].[2017 - 12 - 13]. http://www. bl. uk/aboutus/stratpolprog/collectioncare/digitalpreservation/strategy/BL_DigitalPreservationStrategy_2017-2020. pdf.

② 王世博,王六长. 国际文献储备库建设案例研究——以英、美、加、法四国为例[J]. 农业图书情报学刊,2018(4):96 - 100.

2. 存储方式

英国国家图书馆西约克郡波士顿斯帕储备库采用了目前世界上最先进的全自动存储和检索系统。该储备库内安装了 7 组长 81 米、宽 22 米、高 21 米的高密度书架群,总长度达 262 千米,可容纳 700 余万册(件)藏品。库内配有三种 140 504 个不同型号、高 0.95 米的书盒,图书馆的自动存储系统可以通过存储库内 7 个机械自动手臂取出任意一书盒,并通过传送系统送到检索区,由工作人员取出需要的文献。每个书盒、每本书都贴有条形码,并利用软件控制。而每层书架的起止书籍的条形码要录入数据库,以防止搬迁后上架出错。

3. 存储环境

储备库内配备了先进的环境控制系统,恒温恒湿①。温度控制在 13—16℃ ,湿度控制在 45%—60% ,已达到了档案保存的国际标准。同时还安装有高灵敏度烟雾报警装置,并采用了先进的低氧防火技术,可将该存储库保持低氧环境,库内含氧量控制在 14.8%—15.0% ,低于火灾可能燃起的氧气含量 17% ,能降低火灾风险。低氧环境主要靠充氮来完成。

4. 其他建设

该储备库采用了目前世界上最先进的全自动存储和检索系统,藏品的传输、上架、查找和提取均可自动完成。英国国家图书馆计划未来将主馆区内与读者服务关系不大的数字加工业务移至此地,主要加工新书。

_____

① 翟建雄. 图书馆文献储备库:国外建设模式及比较分析[J]. 法律文献信息与研究,2016(1):6 - 15.

5. 服务

该储备库设有一个小型阅览室,为读者提供部分报纸和缩微品的阅览服务。储备库与总馆之间设有文献传递交通车,读者在伦敦主馆提交预约申请后,西约克郡储备库在48小时内处理完成,并运送至位于圣潘克拉斯的总馆。目前,该储备库每月处理大约6000件文献使用请求。

6. 建设投资

该储备库目前总投资为2600万英镑。2009年,英国政府又批准了一项3300万英镑的财政拨款,用于在该库址内再建一座大型报纸储备库,以解决老旧报纸的保存和保护问题,将来还会兴建一个存储缩微胶卷的冷藏室。

第四章　法国国家图书馆的文献信息战略保存

第一节　文献信息资源建设政策

一、缴送制度

1. 法律依据

法国是世界上第一个施行出版物法定缴送制度的国家。法国缴送制度经历长达5个世纪的发展历程。1537年,法国国王弗朗索瓦一世颁布《蒙彼利埃赦令》,促成了当时的王室图书馆乃至现如今的法国国家图书馆拥有了自法令颁布以来几乎所有的印刷图书。在此基础上,法国议会于1992年通过了《法定呈缴本法》(未涉及在线资料的缴存)。2002年起,法国图书馆开始对注册为法国域名的网站实施试验性网页收集和保存工作。2006年,法国议会通过《关于信息社会版权和相关权利的法律》,减少纸质出版物的缴送数量的同时,增加了网络出版物缴送的内容,在法国国家图书馆和法国国立视听中心获得授权,可以在未得到著作权人许可的情况下保存网络信息资源。该法明确将法定缴存制度扩展到互联网领域,并纳入法国《文化遗产法典》。为了使这项法律最终得到贯彻实施,2011年12月19日,法国政府专门颁布2011—1904号法令,将互联网资源的法定缴送制度以法律形式正式写入《文化遗产法典》。依据现行《文化遗产法典》有关法定缴送的规定,所有文献出版商、印刷商、生产商、进口商均须履行法定缴送义务,向法国国家图书馆、法国国立视听资料馆、法国电影动画中心以及由文化部授权的文献保存机构缴送文献。法律规定互联网信息资源的出版和发行机构有义务向法国国家图书馆提供数字文献版本,并授权法国国家图书馆收集和保存网络资源。自此,法定缴送制度正式跨入数字信息时代。

2.印刷、图表和图片文献呈缴

各类印刷、图表文献,尤其是图书、期刊、小手册、版画、明信片、海报、卡片、地图、地球仪和地图册、乐谱、舞谱、图片文献,不论载体形式、生产技术工艺、出版及发行情况如何,一旦以一定数量向公众无偿或有偿提供,即需要向法国国家图书馆呈缴。但是市政、商业或行政机构的印刷品、选举法中部分选举文献、不足 100 份复本的法定缴存文献、不足 30 份的进口乐谱或舞谱、专利证书、产品工业设计模型、期刊文章或其他文本的复印、复制汇编和同版重印无须法定缴存。出版商最晚于文献发行之日向法国国家图书馆缴送 2 份复本,但是发行量低于 300 册(件)的图书、期刊、航海图和地图,发行量低于 200 册(件)的雕版画、图片和铜版画以及样本低于 10 册(件)的乐谱、舞谱手稿、复制品或出版物只缴送 1 份。印刷商在文献印制完成后,呈缴 1 份复本。进口商最晚于进口文献在国内发行日呈缴 1 份复本。呈缴复本须质量优良,与发行本一致①。

3.软件及数据库的法定呈缴

任何载体形式的软件及数据库,一旦面向公众发行一定数量,无

---

① 卢海燕.国外图书馆法律汇编[M].北京:知识产权出版社,2014:316 - 318.

论是有偿或无偿,即须向法国国家图书馆呈缴。在国内出版的软件和数据库最晚于面向公众发行之日呈缴 2 份复本,进口的则呈缴 1 份复本。呈缴复本须质量优良,且与向公众提供的一样①。

4. 录音、录像制品及多媒体文献的法定呈缴

各类音像制品、录像制品、多媒体文献,不论何种载体、生产技术工艺、出版或发行,一旦向公众提供即须向法国国家图书馆呈缴。国内出版的录音、录像制品及多媒体文献,一旦向公众提供,即须呈缴 2 份复本,进口的则呈缴 1 份复本。呈缴复本须质量优良,且与向公众提供的一样②。

5. 公开网络资源的法定呈缴

该法典规章部分第 R132 - 23、R132 - 23 - 1 和 R132 - 23 - 2 规定,其范围涵盖所有法国互联网,或以". fr"为域名后缀注册的网站,或以". com"". org"". net"等其他域名后缀注册的网站,只要其个人或法人居住地在法国境内,均属法定缴送范围,包括机构网站、个人网站,免费或付费网站,博客、商业网站、视频或电子书门户网站等,与广播、电视有关的网站资源由法国国立视听资料馆负责收集和保存,个人通信、社区网站私人空间以及内网不在缴送之列。公开网站资源和视听媒体网站资源 1 年至少应采集一次。如通过自动程序无法完成完整采集,编辑者须向法国国家图书馆提供加密文档的密码和访问密钥用以采集,或者向其提供文档拷贝。此两种情况下,编辑者还须同时提供播放和长期保存所需的必要技术数据,存储机构和呈缴者共同

①　卢海燕.国外图书馆法律汇编[M].北京:知识产权出版社,2014:318.

②　卢海燕.国外图书馆法律汇编[M].北京:知识产权出版社,2014:318 -320.

确定文档提取方式①。

二、馆藏发展政策

法国国家图书馆馆藏政策的制定也经历了一个不断完善的过程，并且还将随着时代的发展而变化。1993 年法国国家图书馆首先制定了《馆藏政策提案》，1995 年由图书馆法律部制定了涉及特藏资源的文献采访政策《国外政府出版物馆藏政策》，1996 年制定了《阿森纳图书馆分馆馆藏政策》，1997 年制定了《专藏文献馆藏政策》。自 2001 年起陆续对以上条例进行修订，一个更加全面和完善的《法国国家图书馆馆藏发展政策》于 2005 年正式出版②。

虽然馆藏政策有多次修订，但馆藏文献建设的基本原则多年来未改动。该原则早在 1993 年就写入最初的《馆藏政策提案》中。馆藏四大基本原则规定如下：

（1）法语出版物的绝对优势。和其他国家图书馆一样，法国国家图书馆全面采集所有法语出版物和有关法国的文献，对其进行揭示、保存并提供阅览服务。该领域的采访核心是补藏历史上缺藏的法国出版物以及有关法国文献的国外出版物，法语区特别是与法国历史有密切联系的早期殖民地国家出版文献。

（2）开放性。法国国家图书馆的首要职责是收集法兰西文化遗产，同时致力于收集世界其他国家的文献（如手稿部藏有丰富的 16 世

---

① 卢海燕.国外图书馆法律汇编［M］.北京：知识产权出版社，2014：320 － 321.

② 高红，朱硕峰，张玮.世界各国图书馆馆藏发展政策精要［M］.北京：海洋出版社，2010：63.

纪东方手稿）。它履行研究型图书馆的职能,向读者提供国内外的重要学术成果,收集最具代表性的国际著作。

（3）百科全书式。缴送制度有力地确保了法国国家图书馆全面收集法国本国出版物,而不能通过缴送收藏的文献则要通过购买来补充。该馆致力于囊括所有知识领域具有较高水准的文献,同时也汇集了跨学科领域的文献,以适应当前跨学科研究的发展需要。

（4）广阔的时间跨度。法国国家图书馆除了在横向上保持向世界开放的同时,在纵向上还要覆盖广阔的时间跨度。因此,在这一背景下,它采用回溯采访来补充缴送的空白和特藏文献的收藏。与此同时,还要保持对现当代文献收藏的及时性,如最新的自然科学与经济类,以及当代艺术文学类作品。

外国文献的采访重点入藏有关法国的文献、法语国家的文献,各国有代表意义的文献,各类参考工具书,发展中国家的文献,国外关于研究法国历史、文学、科学与艺术生活的作品。此外,还注重采访国外学术著作的代表作,注重介绍法国思想对世界影响的文献,除文学主题外,还包括哲学、科学、法律、艺术等文献①。

随着电子文献的迅速发展,电子文献的入藏也成为图书馆文献采访的重点,电子书和电子刊的采访以科技为主,2009 年开始,图书馆决定将逐步取消科技类纸本期刊的采访,而代之以电子版本②。

法国国家图书馆自 1997 年起建立法国数字图书馆,致力于建成

---

① 　高红,朱硕峰,张玮.世界各国图书馆馆藏发展政策精要[M].北京:海洋出版社,2010:66.

② 　高红,朱硕峰,张玮.世界各国图书馆馆藏发展政策精要[M].北京:海洋出版社,2010:67.

一个遗产图书馆和百科全书式的图书馆。馆藏数字化优先考虑对欧洲文明具有奠基性的著作、百科全书、各类学术性期刊、对推动科学和文学有过重大贡献的作品以及被翻译成多种文字、在欧洲大陆形成影响的著作①。

三、文献的长期保存政策

法国国家图书馆除采集、编目外,还肩负对所藏资源的长期保存的根本任务,保证子孙后代能看到历代传承的人类文化遗产。法国有关长期保存的历史使命其实早在 1537 年的法定缴送制度确立之初便有记载。随着历史的发展,长期保存工作不仅是传统意义上对于文献的修复与装订,其内涵更加入了对于资源的预防维护、数字化加工,对于古老技术的挖掘和研究以及工作人员的培训和职业敏感度提高等。为此,法国图书馆专门成立了长期保存部门,并开展针对文献老化和劣化的实验研究。

2009 年 5 月 19 日,法国国家图书馆发布了最新一版也是第五版的《长期保存基本战略政策方针》,其六大长期保存政策规定如下:

(1)长期保存是一项根本任务,应常年坚持并且作为优先考虑的工作,长期保存工作的开展离不开国内国际的交流、研究与合作。

(2)长期保存不再是一项独立的工作,不局限于纯技术或是特别服务,长期保存政策必须是全方位的审慎考量,涉及文献管理与提供服务的各个环节,包括文献开发、预防,甚至图书馆建筑、环境影响、安保等各方面。从馆长到普通员工,图书馆所有各部门工作人员,乃至

---

① 高红,朱硕峰,张玮.世界各国图书馆馆藏发展政策精要[M].北京:海洋出版社,2010:75-76.

为图书馆提供服务的外来公司、外来工作人员等都与图书馆的长期保存工作息息相关。

（3）长期保存关键在于全面预防，防止国家重要文化遗产文献老化，至少是保障文献可供使用的时间尽量延长，包括互联网上的在线访问。

（4）长期保存是预防性与修复性并重。对文献的长期保存既要考虑馆内服务还要兼顾远程访问。每种文献的长期保存都力求从内容和载体上尽可能地与原件相一致，兼顾历史价值和艺术美感。对于原生数字资源，由于其易逝性，更注重保存其内容，而非当时查阅状态。长期保存重点关注提供阅览和展览服务的文献。注重对保存文献的分级筛选、现状测评、技术措施等，由长期保存部与文献典藏部共同完成。

（5）展开有关长期保存的研究、实验，参与国内国际的相关领域合作。

（6）每年开展对于长期保存政策和措施的评估，促进政策的不断改进。

长期保存具体工作如下：新书和期刊的装订；对易损文献进行温湿度调节；载体转换，如缩微或数字化，代替原文献用于读者阅览；制定文献保护应急预案并长期跟踪；环境监控，开展科研并逐步规范化；调查并监测文献及其保存现状；开展面向员工和读者的长期保存相关培训；文献日常管理：清扫、除尘、对不显著的劣化文献进行修复防止恶化；对出版时间超过30—40年的文献，在出现纸张酸化的第一征兆时就进行脱酸处理，可以有效延缓文献退化进程，避免花费巨大且烦琐的挽救式修复；实施应急预案。

第二节　馆藏发展现状

　　法国国家图书馆的馆藏包含 3500 万卷书籍和印刷品,此外,还有手稿、版画、摄影、地图和平面图、乐谱、钱币、纪念章、有声资料、录像、多媒体资料、装饰品、服饰等,以一种百科全书式的包容精神呈现了所有知识的、艺术的和科学的学科。每年约有 15 万册文件通过法定交存、购买或捐赠的方式进入馆藏。Gallica 数字图书馆可查阅 400 多万的文献资料。

　　法国国家图书馆共有包括密特朗总馆和黎塞留老馆等 7 处馆舍,其中 5 处接待读者,另 2 处用于馆藏资源的长期保存,且各馆馆藏资源特色不一而足。密特朗总馆提供有重要保存价值的国家遗产类文献,须专门认证才可进入;黎塞留老馆主要典藏手稿、版画、图片、音乐和文艺演出藏品、地图、钱币、纪念章、古董等;阿斯纳分馆馆藏侧重 16 世纪至 19 世纪法国文学和历史类图书,尤其是一些重要历史时期的档案资料;歌剧博物馆图书馆分馆 1935 年并入法国国家图书馆,其主要专藏为有关加尼叶宫殿的许多珍贵的建筑、装潢资料,戏服、节目单、珠宝以及近 3 个世纪以来在此上演剧目的资料;法国阿维尼翁市的让·维拉尔故居附属于法国图书馆艺术表演部的分馆,主要典藏有关阿维尼翁戏剧节和当地文化活动的文献资料;比西·圣乔治保存中心创建于 1995 年,主要致力于保存印刷类藏品和音视频资源;若埃尔·德乐中心位于一座 18 世纪的城堡内,主要承担文献修复、大规模脱酸处理(法国唯一一部设备)、缩微制作和数字化加工等工作,不对外开放。虽然实体文献所占比例仍然超过半数,但数字文献所占比例明显呈现上升趋势。

第三节　馆藏发展战略

根据法国国家图书馆《2014—2016发展规划》,该馆针对馆藏文献采集方面制订了相关发展政策和计划措施,具体如下:①针对政策方向、监测及评估方面,完成馆藏文献政策、合作馆首轮文献共享机制以及学科审定方面的全面修订。②制定黎塞留老馆椭圆大厅的文献政策。③制定实施文献数字化总政策,同时制订第一个三年计划。部署一套与读者互动的新平台,可实现新书推荐及搜集读者的文献数字化建议。④开展电子文献发行商缴送实验。⑤在部分电子文献发行商范围内进行处理系统的发布、完善,计划完成5000种电子书法定缴送。⑥正式发布电子书法定缴送处理系统,计划完成10 000种电子书法定缴送。⑦完善2013年发布的文献采集处理系统(l'Extrat),计划通过该系统实现法定缴送图书的比例分别达到2014年55%、2015年60%、2016年65%。

根据法国国家图书馆《长期保存基本战略政策方针》,规划了未来的十大重点任务:①对国家级文献开展渐进性与优先并存的状况评估;②面向全馆开展长期保存的系统性培训;③在黎塞留老馆的改造过程中要特别注重文献的长期保存;④制定水患应急预案;⑤保障原生数字文献和数字化生成文献的长期保存;⑥长期开展文献脱酸处理和机械化装订;⑦对阅览及展览环境下的文献应急处置方案进行细化和强化；⑧完成胶片复制到数字化复制的转换，完善协调不同需求的文献数字化；⑨加强珍贵文献和报刊杂志的数字化；⑩加强与长期保存和资源开发相关领域的科研项目。

第四节　文献战略储备库

法国国家图书馆文献储备库共建有两处，分别为距巴黎 30 公里发达工业区内的比西·圣乔治保存中心和距巴黎 250 公里勒芒市附近萨尔特河畔处建于 18 世纪城堡内的若埃尔·德乐中心。其中，比西·圣乔治保存中心最初主要从事文献脱酸处理，从 20 世纪末起，开始利用现代数字技术对馆藏各类文献实施保护。具体情况如下[①]：

1. 面积和结构

建于 1995 年的比西·圣乔治保护中心占地 6.5 万平方米[②]。

2. 存储文献

这个库房主要存放报纸、期刊、稿本、舆图、缩微平片、缩微胶卷等资料，以及少量的善本书，并通过缩微复制、数字化和消毒灭菌等方式对文献进行保存和保护。这些资料基本上只保存，不流通，可提供复制服务。其中缩微胶卷共 25 万卷，目前已经数字化 4 万多卷，其中 90% 由专业公司制作。

---

①　王世博，王六长. 国际文献储备库建设案例研究——以英、美、加、法四国为例 [J]. 农业图书情报学刊，2018（4）：96 - 100.

②　赵晓勤. 国内外图书馆储备书库发展现状及若干建设思路 [EB/OL]. [2017 - 10 - 11]. http://www.istis.sh.cn/list/list.aspx?id = 8738.

3. 存储环境

书库恒温恒湿，书库的温度控制在 17—19℃，湿度控制在 50%—60%。

4. 存储系统

储存书架高 17.9 米，和英国西约克郡储备库及芝加哥新图书馆的自动存取方式不同，法国比西·圣乔治保存本书库为人工存取，和美国国会图书馆米德堡储备库的哈佛存储系统较为类似。

5. 其他建设

除了书库，法国国家图书馆还将修复、音像、装订、技术与消毒工作室等跟读者服务关系不大的业务部门迁至此处。

第五章 俄罗斯国立图书馆的
文献信息战略保存

第一节 文献信息资源建设政策

一、缴送制度

1. 法律依据

1994 年 10 月 23 日,俄罗斯国家杜马通过《俄罗斯联邦文献呈缴本法》,后经 1994、2000、2011、2016 年等多次补充和修订。它确立了文献缴送本作为俄罗斯联邦完整的国家图书馆信息文献资源和国家书目系统发展基础资源的国家政策,规定了文献缴送本的保存和公共使用条例①。俄罗斯国立图书馆负责印刷出版物、论文、音频制品、视频制品和指定电子出版物的保存。

俄罗斯中央书库、俄罗斯国立图书馆、俄罗斯国家图书馆、俄罗斯科学院图书馆、俄罗斯科学院西伯利亚分院国家科技公共图书馆、远东国家科学图书馆负责对印刷出版物的保存;俄罗斯国立盲人图书馆负责对盲人和视障人士出版物的保存;联邦工业产权研究院负责对电子版专利文献的保存;俄罗斯联邦议会图书馆负责对官方文献的保

---

① 卢海燕.国外图书馆法律汇编[M].北京:知识产权出版社,2014:274.

存；俄罗斯标准化、计量和评审科技信息中心负责对标准出版物的保存；俄罗斯联邦政府确定的科学、科技和创新活动领域内的联邦行政管理机关科技信息机构、俄罗斯科学院全俄科学和技术信息研究所、俄罗斯社会科学院科学信息研究所、莫斯科 Й.　М. 谢苗诺夫医学院中央科学医学图书馆负责相应类型的未发表文献的保存；俄罗斯中央书库、俄罗斯国立图书馆和俄罗斯国家图书馆负责音频制品和视频制品的保存；俄罗斯联邦国家电影局、国家广播电视局、俄罗斯国家电影胶片档案馆和俄罗斯音频文献档案馆负责指定音像产品的保存；科学院跨部门超级计算机中心负责计算机和数据库程序的保存；"信息索引"科技中心、俄罗斯国立图书馆、俄罗斯国家图书馆、俄罗斯科学院西伯利亚分院国家公共科技图书馆负责指定电子出版物的保存；叶利钦总统图书馆负责电子出版物的保存。

2. 印刷型出版物的缴存

所有类型的印刷型出版物，自第一版问世之日起，由文献制作者通过出版社向相应的中央书库缴送俄罗斯联邦缴送本各 3 册。具体而言，俄罗斯国立图书馆从俄罗斯出版物登记局获得俄罗斯国内俄文出版物 2 份，俄联邦各民族语言、对照语言和外文的出版物 1 份、报纸 1 份、摘要 1 份①。

3. 未发表文献的缴存

文献制作者自各学科(医学和药学除外)论文答辩和授予学位之日起 30 日内，向俄罗斯国立图书馆缴送论文缴送本。俄罗斯国立图书馆从俄联邦教育与科学部高等教育认证委员会和各学位论文委员

---

① 卢海燕. 国外图书馆法律汇编［M］. 北京：知识产权出版社，2014：278 - 279.

会获得博士和副博士学位论文①。

4. 音像制品的缴存

为了音像制品在国家档案馆和图书馆信息文献储备库的登记、保存和使用,音像制品制作者应自音频制品问世和视频制品拷贝完成之日起,向俄罗斯中央书库缴送缴送本各 3 份,俄罗斯中央书库负责向俄罗斯国立图书馆和俄罗斯国家图书馆分配音频和视频缴送本②。

5. 电子出版物、计算机和数据库程序的缴存

文献制作者为了图书情报机构之间电子出版物的连续分配,向"信息索引"科技中心缴送电子出版物缴送本 5 份,但盲人和视障人士电子出版物、计算机和数据库程序、视听文献和专利文献、官方文献、电子载体形式的标准文献除外。"信息索引"科技中心负责跟进俄罗斯联邦政府授权的联邦行政管理机关批准的缴送清单和条例,向图书情报机构配送电子出版物联邦缴送本。俄罗斯国立图书馆从"信息索引"科技中心获得国内出版的光盘 1 份。2015 年修订的《俄罗斯联邦民法典》(第四部分)规定,任何公共图书馆可以不经作者和著作权人的许可,数字化 10 年内不再版的科学教育作品③。

2016 年修订的《俄罗斯联邦文献呈缴本法》规定,在印刷出版物出版的 7 天内,将原文样本的电子副本呈缴给俄罗斯国家图书馆和俄罗斯图书局,节省了数字化成本和时间。

_____

① 卢海燕. 国外图书馆法律汇编[M]. 北京:知识产权出版社,2014:280.
② 卢海燕. 国外图书馆法律汇编[M]. 北京:知识产权出版社,2014:281.
③ 卢海燕. 国外图书馆法律汇编[M]. 北京:知识产权出版社,2014:282.

二、馆藏发展政策

馆藏文献的收藏主要依据《俄罗斯国立图书馆国内外文献统一采选条例》和《俄罗斯联邦民法典》第四部分执行①。2015 年修订的《俄罗斯联邦民法典》第四部分增加了图书馆无须征得作者或者其他权利持有人同意且无需向其支付报酬的行为,但是必须指明所使用作品的作者姓名和引用来源的情况下,可以自由使用电子论文,包括保存在计算机内存中的论文内容,并且可以将其提供给公众使用的规定;增加了为了论文的保存和使用,允许创建论文呈缴本的数字副本的规定;增加了公共图书馆、档案馆在不以盈利为目的的情况下,可以不受限制地访问档案文件,有权无需经作者或者其他权利持有人同意,无需向其支付报酬,提供临时免费使用(包括图书馆资源的相互利用)合法发表的作品原件或复制件的规定;增加了具有科学和教育意义的作品,在其在俄罗斯联邦境内最新一版出版之日起不超过 10 年的情况下,可以复制成单一副本,包括转化成电子形式的副本等规定。《俄罗斯国立图书馆国内外文献统一采选条例》于 2010 年修订完成,共 89页 12 章。详细阐述了各类型文献的采选细则,包括图书和小册子、杂志和连续性出版物、报纸、非书资料、测绘制图资料、乐谱、光盘电子出版物、非正式出版物、视听资料、缩微资料、本地电子网络资源和远程

---

① 陈英爽.《俄罗斯联邦民法典》第四部分最新修订对俄罗斯图书馆的影响 [EB/OL]. [2017 - 10 - 13]. http://xueshu. baidu. com/s? wd = paperuri% 3A% 281a3b8ac5678a1b36dffe588f1d76e053% 29&filter = sc_long_sign&tn = SE_xueshusource _2kduw22v&sc _ vurl = http% 3A% 2F% 2Fwww. doc88. com% 2Fp-9179558302900. html&ie = utf-8&sc_us = 1410114876368961464.

访问电子网络资源等。这是国立图书馆文献收藏基本的、长期的政策。

俄罗斯国立图书馆馆藏采选的目标为：为当代及后世尽可能完整收集并保存本国文献以及世界文献流中的最重要文献，特别是"俄罗斯学"文献，确保其馆藏资源能与其作为国家图书馆、俄罗斯国内最大的综合性科学图书馆、全国书库、文化及艺术资料中心，以及作为图书馆学、书目学和古籍版本学研究中心的多种职能相符合。其文献采选秉承综合性、完整性、不间断性、协调性和区别性五大原则：综合性原则体现为新入藏文献在类型、专题、语言、年代以及国家属性和信息载体方面的无限制；完整性原则体现为尽最大可能完整入藏国内文献以履行馆藏的记忆职能（1825 年以前出版物）、档案职能（1924 年前出版物）以及相对完整收藏职能（现代文献）；不间断性原则保证图书馆信息资源在年代、内容和空间方面的完整性；采选的协调性原则强调俄罗斯联邦及地方各大档案馆、图书馆和信息中心的相互协调，尽量排除采选协调馆的目标文献；区别性原则强调文献采选的品种和数量在各个馆藏系统的分布必须体现差异性，以拉近文献组成与用户需求结构的距离，提高文献的利用率。

图书馆入藏文献的甄选标准：选择信息量大，具有科学、文化、历史意义的文献，并综合考虑文献的类型、语言、年代、所属国家、馆藏用途和地位；电子文献采选的技术标准为文献质量、合法性、存取规则、软件资源并充分考虑与俄罗斯国立图书馆软硬件设备的匹配性。

依据上述文献采选政策，俄罗斯国立图书馆的采选对象定义为：以文本、录音、图像或其复合形式记录、传播的具有社会意义的国内外文献，其具体媒介形式包括羊皮纸、织物、纸张、缩微胶片、缩微平片、光盘、唱片、高密盒式磁带等,包括俄罗斯国立图书馆入藏文献原件和拷贝(原样拷贝和缩微品)①。

对俄罗斯国内出版物中信息小、使用期短或使用范围狭窄的图书,如地区再版的俄联邦法律图书、地区定期广告信息出版物、休闲娱乐小册子、儿童读物等多种文献,采取筛选剔除、减少复本数量或缩短保存年限的原则,以提高馆藏的信息量和学术性、教育性。该项原则的实施是基于建设俄罗斯国家信息资源储备总库的发展战略与俄罗斯国家书库、俄联邦各大图书馆和信息中心、国家档案馆以及地区中心图书馆在协调与职责划分的基础上实现。

外文文献的采选级别为"选择采选"和"严格选择采选",属于三个采选级别中的后两级,但不包括联合国及其他国际组织资料(俄罗斯国立图书馆是联合国资料的托存馆)。俄罗斯外文文献采选的基本标准为具有科学、文化和历史意义的文献,更为细化的甄选标准为:

1. 内容的现实性或出版物的主题性

精密及自然科学方面,优先选择纳米及生物技术、气候变化、能源及生态、信息安全、基因工程等现代科学,也选择数学、物理、化学、生物等传统自然科学文献。不挑选技术、工艺、医学等行业的出版物。文献类型偏向时效性更强的期刊并订购了相当数量的电子刊物。

人文科学方面,选择历史、语言、文学、哲学、国情与宗教、法律、文化、艺术方面的文献。文献类型偏重传统形式,而非联机存取,其原因

---

① 张芳.《俄罗斯国立图书馆国内外文献统一采选条例》修订版解析[J].国家图书馆学刊,2014(4):87 – 92.

在于许多出版物没有电子版本,也因读者传统的阅读习惯。

优先选择"俄罗斯学"出版物,这其中包括三方面内容:国外俄语出版物,含俄侨在世界各地的出版物,除教材等文献外,其余尽可能完整采选;国外研究俄罗斯的外文文献,依据其出版水准选择采选;俄罗斯作者的外文译作,依照作者、内容、是否重复出版等因素选择采选。

优先选择图书馆学、图书学、图书及出版事业史的出版物,地图及图册乐谱及各种媒介录制的音乐作品。

2. 出版物的权威性

选择入藏科学、文化和艺术类杰出人物和具有世界水平学者的作品,如诺贝尔奖或其他国际奖项的获奖作品,世界文学艺术经典及其再版作品。

3. 出版物的稀见性

俄罗斯国立图书馆还尽力采选国外古代、稀见和有价值的出版物,如近几年俄罗斯国立图书馆入藏了12件16世纪出版物(其中4件为欧洲古版书)、21件17世纪出版物、100多件17—18世纪孤本地图、18世纪稀见版画、20世纪20—30年代俄侨出版物以及第二次世界大战时的标语等。

4. 出版国别的地位与威望

俄罗斯国立图书馆采选英国、德国、荷兰、美国等世界出版大国的世界级出版社的出版物,但也采选一些印数少,名气、规模较小的出版社的文献,特别是艺术、图书馆学、舆图、俄罗斯学、军事等人文学科的专业文献,也采选西班牙、意大利、法国、斯堪的纳维亚、东欧和波罗的海国家和地区出版的有关本国历史、文学等方面的出版物。俄罗斯国立图书馆非常重视独联体国家的出版物,虽然这些出版物在世界图书出版中不占有显著的位置,但对于俄罗斯来说有着重大的文化和政治意义。俄罗斯国立图书馆还采选亚非国家出版的英文、欧洲语言和这些国家本国语言的出版物。

5. 出版物的语言

世界重要出版社出版的学术著作多采用英文,这对于读者来说非常适宜,如果同时用英文和别的文种出版选择英文版本。但是,对于印数少的人文科学的文献,则优先选择原文文种尤其是国外出版的俄语文献。

6. 其他标准

俄罗斯国立图书馆藏书中是否有类似专题文献、艺术图册的装帧水准、舆图出版印刷的比例和质量等,都作为是否采选的标准而考虑,还有一个重要标准便是价格。

俄罗斯国立图书馆采选的主要途径有:缴送、购买、交换、文献数字化和缩微、俄罗斯国内外远程电子资源的授权访问。

2014 年 10 月,根据俄联邦文化部的决定,俄罗斯国立图书馆开始承担国家数字图书馆项目,俄罗斯国家图书馆和俄罗斯国立科学技术公共图书馆也参与其中。除此之外,俄罗斯其他的图书馆和组织,凡能将本馆独具特色的数字化馆藏提供给国家数字图书馆,都可成为国家数字图书馆的参与者。

俄罗斯国立图书馆同图书作者签订许可协议,对其作品进行数字化并形成全文图书资源,可在俄罗斯国立图书馆阅览室进行访问。作为补偿,图书作者每年可以收到俄罗斯国立图书馆支付的款项,即图书馆出售作者作品(纸质复制件和数字化复制件)总收入的 20%①。

第二节　馆藏发展现状

俄罗斯国立图书馆位于莫斯科市瓦斯特维仁卡大街,是根据俄罗斯联邦总统 1992 年 1 月 22 日第 38 号《关于建立俄罗斯国立图书馆》的命令,在苏联国立列宁图书馆基础上建立的,是列宁图书馆的继承者,同叶利钦总统图书馆、俄罗斯国家图书馆一样均是俄罗斯联邦国家图书馆,隶属于俄罗斯联邦文化部。

根据 2011 年 9 月 8 日第 760 号俄罗斯联邦政府令《关于批准联邦国家预算机构俄罗斯国立图书馆章程》的决议,废除俄罗斯联邦政府 2009 年 12 月 31 日第 1190 号《关于批准联邦国家预算机构"俄罗斯国立图书馆"章程》的法令,确定联邦国家预算机构俄罗斯国立图书馆是从事图书馆学、图书目录学、科学研究、科学信息、方法学、文化教育和培训活动的非营利机构②。基本功能包括:整理、保存并最大限度地为图书馆用户提供全面的本国文献,具有显著科学性的外国文献;组织和从事图书馆目录统计工作;参与图书馆学、目录学、图书学、方法学、信息科学等科研机构及联邦文化中心的国家出版物统计工作;参与制定和实施图书馆事业领域内的联邦政策。

截至 2016 年年底,俄罗斯国立图书馆藏有世界 367 种语言文字

---

① 宋振佳.俄罗斯国立图书馆信息资源建设战略及启示[J].图书馆学刊,2015(7):137-139.

② 卢海燕.国外图书馆法律汇编[M].北京:知识产权出版社,2014:260.

的文献约 4700 多万册(件),主要包括:约 2900 万册(件)文献资料,主要是 18 世纪至今的图书、杂志等,最有价值的部分是俄罗斯科学家、文化活动家、教育家、著名藏书家及收藏家的私人藏书;约 61 万册(件)手稿,主要是公元前 6 世纪至今的各语种手稿,包括古俄罗斯语、古希腊语、拉丁语、东方各语种等;约 30 万册(件)善本书和贵重出版物馆藏,主要是 15 世纪至今的俄文及外文出版物;国内全学科(除医学和药学)博士论文,包括 1951—2011 年间的纸质论文以及 1944—1951 年间的缩微论文;约 61 万册(件)军事文献馆藏,主要是 16 世纪至今的俄文和外文军事文献,包括印刷型和数字型出版物;约 85 万册(件)东方语言文献馆藏,主要是 9 世纪至今的亚非国家 224 种语言的文献;约 1500 万册(件)非书资料馆藏,主要是 17 世纪至今的版画、明信片、照片等。俄罗斯国立图书馆数字图书馆馆藏主要由国立馆馆藏中价值较高的文献及流通率较高的文献数字化而成,2013 年年初,馆藏量已达 90 万册(件)并在持续增加中,可在国立图书馆阅览室进行全文访问①。

第三节　馆藏发展战略

为满足社会全面的信息需求,为俄罗斯联邦各民族人民提供图书、书目及科学信息服务,发展国内和世界文化、科学和教育;收藏、保存并为社会提供全面的馆藏服务。俄罗斯国立图书馆发布《俄罗斯国立图书馆 2013—2018 年事业发展规划》,在文献收藏方面要着重做好

---

① 宋振佳.俄罗斯国立图书馆信息资源建设战略及启示[J].图书馆学刊,2015(7):137 - 139.

以下几项工作：①完善各项系统措施，保障国内文献采全率；②补藏具有历史文化价值的手稿和印刷型古文献，如古代文献作品、历史和文化领域著名人士的个人档案资料以及印刷、装帧艺术上乘的图书，每年入藏新书不少于 35 万册；③为最大限度地保障文献采全率和为更多的读者提供服务，要协调与联邦、各部门以及各地区图书馆的关系，统筹安排国内文献和外文文献的采选，到 2018 年实现国内文献采全率不低于 90%；④对国内外在线和非在线数字资源的采选进行监督，力争在"获取"和"访问"之间求得平衡，与数字资源供应商签订合同，保障读者可以在馆外访问数字资源；⑤发展俄罗斯国立图书馆电子目录系统，特别要实现智能检索①。

《俄罗斯国立图书馆 2013—2018 年事业发展规划》指出，国立图书馆要坚持文献收藏与保存并重的发展政策。未来着重进行以下几项工作：①制定并发展系统的纸质文献馆藏的保护方法；②在信息载体陈旧以及程序保障变化的环境下，持续发展数字文献保存的方法；③继续扩大保存知识财富工作的规模，并进行图书文物（包括俄罗斯国立图书馆馆藏的其他文献）的保存和修复，主要通过纸质文献数字化和缩微化的方式实现，同时，实施一系列措施消除生物、化学（平衡纸张酸性）和气候条件（温度和湿度）的有害影响；④制定并实施严格的防火安全规范制度；⑤发展阅览室监控系统和文献标记系统，防止盗窃和其他破坏行为的发生；⑥发展数字保存管理和数字存储。

---

① Программа деятельности ФГБУ 《Российская государственная библиотека》 на период 2013—2018 гг.［EB/OL］.［2015 - 01 - 20］. http://www.rsl.ru/datadocs/doc_6836bu.pdf.

第六章　日本国立国会图书馆的
文献信息战略保存

第一节　文献信息资源建设政策

一、缴送制度

1. 法律依据

日本国立国会图书馆的缴送制度始于 1948 年 2 月 9 日《国立国会图书馆法》(1948 年法律第 5 号)的制定,当年 5 月 25 日正式开始接受缴送。1949 年,《国立国会图书馆法》进行了部分修订,新设关于补偿金(第二十五条第三项)和接受地方公共团体缴送的规定(第二十四条之二),同时明确了民间出版物的缴送宗旨为"为了利于文化遗产的积累与利用"(第二十五条第一项),由此确立了缴送制度的主干部分。之后,出版物经销恳和会(即现在的日本出版经销协会)、地方·小出版流通中心、教科书协会等先后被指定为统一代管缴送的机构。2000 年 4 月,封装型电子出版物也被纳入缴送对象。2004 年,对部分独立行政法人也赋予了缴送义务。2008 年 1 月,每年的 5 月 25 日被指定为"缴送制度之日"。2012 年 6 月 22 日,《国立国会图书馆法》进行了修订,主要增加了"在线资料的记录"部分。

与缴送制度相关的政策除了《国立国会图书馆法》外,还涉及以下几项规定①：

表 6 - 1　日本缴送制度相关政策表

名称	制定时间及编号；最终修订时间及编号	主要内容
《基于国立国会图书馆法的关于出版物缴送的规定》	1949 年 6 月 28 日国立国会图书馆规定第 3 号；2009 年 4 月 10 日国立国会图书馆规定第 4 号	规定了政府机构及同级别法人，地方公共团体及同级别法人等应缴送的部数；确定补偿金额的手续；免缴送的范围等
《关于依据国立国会图书馆法第二十五条缴送出版物的补偿金金额的规定》	1950 年 1 月 30 日国立国会图书馆告示第 1 号；2011 年 10 月 12 日国立国会图书馆告示第 2 号	对缴送的图书、唱片、缩微资料、杂志、报纸等各类型出版物支付补偿金的金额做了具体规定
《关于国立国会图书馆法第二十五条第一项中封装型电子出版物最优版本的确定标准及方法的规定》	2000 年 9 月 27 日国立国会图书馆告示第 3 号	规定了从同一出版者在同一时间出版的封装型出版物中确定最优版本的标准和方法
《关于记录依据国立国会图书馆法的互联网资料的规定》	2009 年 7 月 10 日国立国会图书馆规定第 5 号	规定了不影响采选宗旨的网络资料缴送范围与记录网络资料应采取的方法

---

　　①　関係法规. 納本制度［EB/OL］.［2018 - 04 - 25］. http://www. ndl. go. jp/jp/aboutus/laws. html.

续表

名称	制定时间及编号； 最终修订时间及编号	主要内容
《关于国立国会图书馆法第二十五条之三第三项的互联网资料等的规定》	2010 年 1 月 24 日国立国会图书馆告示第 1 号	具体明确了需要缴送的互联网资料的内容类型
《关于记录依据国立国会图书馆法的在线资料的规定》	2013 年 5 月 30 日国立国会图书馆规定第 1 号	明确了需要缴送的在线资料范围、提供的方法、免缴送的范围等
《关于国立国会图书馆法第二十五条之四第四项中金额的规定》	2013 年 5 月 30 日国立国会图书馆规定第 1 号；2017 年 6 月 1 日国立国会图书馆告示第 1 号	对《国立国会图书馆法》第二十五条之四第四项中对在线资料提供者支付的费用做了具体规定
《国立国会图书馆接受国际交换出版物委托的规定》	1985 年 3 月 28 日国立国会图书馆规定第 3 号；1994 年 3 月 23 日国立国会图书馆规定第 1 号	国会馆关于出版物的国际交换的条约，规定了可以接受委托的单位、出版物以及委托申请、寄送费用等事项

2. 国家、地方公共团体、独立行政法人等的出版物缴存

国家各机关发行，或为国家各机关发行图书、小册子、连续出版物、乐谱、地图、电影胶片、其他通过印刷及其他方法复制的文件或图画、唱片、根据电子方式、磁力方式以及其他凭借人的知觉不能感知的方式所制作的文字、影像、声音或程序记录等各种出版物（机密文件、公文格式、样本及其他简易文件除外）时，该机关应根据国立国会图书

馆馆长规定,立即向国立国会图书馆缴送最多不超过 30 册,以备公用、外国政府出版物交换及其他国际交换使用。

独立行政法人、国立大学法人、大学共同利用机关法人、特殊法人等发行或再版时,立即缴送最多不超过 5 册。再版的内容与初版或前版相比没有增减或变更,且其初版或前版已缴送的不需再缴送。

地方公共团体各机关发行时,都道府县或市的机关向国立国会图书馆缴送最多不超过 5 册,町村的机关缴送最多不超过 3 册。

港务局、地方住宅供给公社、地方道路公社、土地开发公社、地方独立行政法人、地方赛马全国协会、地方公共团体金融机构和日本下水道事业团等发行时,都道府县或市的机关向国立国会图书馆缴送最多不超过 4 册,町村的机关缴送最多不超过 2 册。

3. 其他发行者发行的出版物缴存

其他发行者发行时,为了文化遗产的积累和利用,应在发行日起30 日内,向国立国会图书馆缴送 1 册完整的最优版本。但若发行者已将出版物捐赠或遗赠给国立国会图书馆,或馆长认为存在特殊事由的情况则不受此限。馆长根据规定支付补偿金,该金额相当于出版和缴送相应出版物通常所需的费用。发行者无正当理由未按规定缴送出版物时,将处以该出版物零售价额(在无零售价时,则取与之相当的金额)5 倍以内的罚款。

4. 国家、地方公共团体、独立行政法人等的互联网资源的记录

馆长可通过便于国立国会图书馆使用的记录介质,收集国家、地方公共团体、独立行政法人等面向公众提供的,或是借由互联网为公众提供服务所产生的互联网资料(通过互联网提供给公众使用的根据电子方式、磁力方式以及其他凭借人的知觉不能感知的方式所制作的

文字、影像、声音或程序记录),以备公用。

5.在线资料的记录

其他发行者自己面向公众提供或发送的在线资料[通过互联网及其他发送手段提供或发送给公众使用的根据电子方式、磁力方式以及其他凭借人的知觉不能感知的方式所制作的文字、影像、声音或程序记录中,馆长规定的与书籍或连续出版物相当的资料(机密文件、公文格式、样本及其他简易文件除外)]提供给国立国会图书馆。

二、馆藏发展政策

为构建完整的藏书格局,日本国立国会图书馆制定了《资料收集指针》①与《资料收集方针》②作为采选文献信息资源的参考指南。

《资料收集指针》为日本国立国会图书馆指出了收集资料的目的和基本方向,《资料收集方针》则在该指针基础上,具体明确了收集资料的范围、优先次序、相关必要事项等。

国立国会图书馆对国内的资料,作为日本的文化遗产和信息资源,广泛地收集;国外的资料以及国内和国外的电子信息,则选择性收集。根据《国立国会图书馆法》第十章与第十一章规定的缴送,第十一章之二与第十一章之三规定的记录,以及购买、捐赠、交换、遗赠等方法,或是接受行政及司法各部门移交的方式来收集图书及其他图书馆资料。行政及司法各部门的长官可将其部门里并非必要的、馆长认为

---

① 　资料収集の指針[EB/OL].[2017 – 10 – 13].http://www.ndl.go.jp/jp/aboutus/collection/policy.html.

② 　资料収集方針書[EB/OL].[2017 – 10 – 13].http://www.ndl.go.jp/jp/aboutus/collection/guideline.html.

国立国会图书馆可使用的图书及其他图书馆资料移交国立国会图书馆。馆长可将国立国会图书馆并非必要的图书及其他图书馆资料，移交行政及司法各部门，或用作交换，或进行处理。

《互联网资料收集保存事业》起始于 2002 年，之后经过多方长期调研和探讨，到 2009 年修订《国立国会图书馆法》，确定由日本国立国会图书馆收集并保存政府等公共机构发布的互联网信息，并明确了收集的对象、频度及方法等。根据《国立国会图书馆法》，全面收集、保存官方机构的网站。至于私立大学，或国际性、文化性活动等的民间网站，在得到登载者同意的情况下进行收集、保存。收集、保存民间单位在互联网上公开的电子书籍、电子杂志等资料。目前的收集对象是免费且没有数字版权管理（Digital Rights Management，DRM）的资料①。采集的网络资源通过"网络资源采集保存项目"（WARP）阅览，在线文献在"国立国会图书馆数字特藏"阅读。民间在线文献仅限于馆内阅读。

2013 年 4 月，日本国内授予博士学位的规则即《学位规则》被修订。目前博士论文原则上都会在互联网上公开。于是，国立国会图书馆开始收集电子版博士论文。

国立国会图书馆从 2001 年起对其收藏资料进行数字化处理。2016 年 3 月，制订了表明列入数字化对象的收藏资料的范围及优先顺序、数字化处理的方法等计划。至于已数字化的资料，由"国立国会图书馆数字资源库"提供。

---

① 电子图书馆（数字图书馆）项目的概要［EB/OL］.［2018 - 05 - 02］. http://www. ndl. go. jp/zh/aboutus/dlib/index. html.

三、长期保存相关政策

为了完善馆藏资料的保存环境、对资料保存媒介的转换做出指引，日本国立国会图书馆于 2005 年 2 月 27 日制定了馆藏资料（含电子资料）保存政策即《国立国会图书馆保存资料的应有状态》①。该政策于 2013 年 2 月 22 日经过进一步修订，目前共包含 7 个方面：保存目的、保存对象、保存方法、保存相关举措（包含预防对策、媒介转换、保存·修复措施、防灾、保存相关调查·研究等）、相关组织结构、促进保存相关合作、实施与评价等。

此外，为了保障电子信息资料的长期利用，自 2004 年起，国立国会图书馆连续进行电子信息长期保存方面的调查研究，通过调研日本国内外的相关研究和实例，为今后的努力方向奠定了扎实基础②。2016 年 3 月，日本国立国会图书馆策划制定了《国立国会图书馆电子资料长期保存基本计划》③，该计划为保存馆藏电子形式的资料指明了基本的方向。

---

① 国立国会図書館における資料保存の在り方［EB/OL］.［2018－05－02］. http://www. ndl. go. jp/jp/aboutus/preservation/collectioncare/scheme. html.

② 電子情報の長期的な保存と利用［EB/OL］.［2018－05－02］. http://www. ndl. go. jp/jp/aboutus/preservation. html.

③ 国立国会図書館デジタル資料長期保存基本計画［EB/OL］.［2018－05－02］. http://www. ndl. go. jp/jp/preservation/dlib/pdf/basicplan2016. pdf.

第二节　馆藏发展现状

国立国会图书馆是根据 1948 年 2 月制定施行的《国立国会图书馆法》设立的。日本国立国会图书馆广泛收集保存国内外图书及其他图书馆资料,并作为知识和文化的基础设施,辅助国会活动,同时向行政机构、司法机构以及国民提供《国立国会图书馆法》规定的图书馆服务。2000 年 5 月,改建支部上野图书馆、国际儿童图书馆部分开馆,2002 年 5 月,国际儿童图书馆全面开馆;2002 年 10 月,国立国会图书馆关西馆开馆。国立国会图书馆由中央图书馆(东京总馆和关西馆)、支部图书馆的国际儿童图书馆以及在行政·司法各部门之内设置的 27 所支部图书馆所组成。

东京总馆主要收藏根据缴送制度收集的国内出版的图书、期刊、报纸、电子出版物;外国图书、外国报纸;特藏(议会、法令资料,政府机关、国际组织资料,古籍资料,宪政资料,日本被占领时期资料,地图资料,音乐、影像资料)。关西馆主要收藏西文期刊、有关科学技术领域的资料、国内博士论文、用文部科学省科学研究费补助金研究的成果报告书、学术文献录音图书;国内外的参考图书、基本图书、文献目录、政府机关出版物等;亚洲语言资料、有关亚洲地区的资料。国际儿童图书馆主要收藏国内外的儿童图书、儿童杂志;有关儿童图书的资料。

截至 2016 年 3 月,国立国会图书馆馆藏总量 41 881 649 件,年增831 184 件。其中图书 10 751 931 册,期刊、报纸 17 034 573 种,缩微资料 912 592 种,音频资料 715 341 种,光盘(CD-ROM,DVD-ROM 等)

134 532 种,地图 563 282 种,博士论文 592 392 种,手稿等 384 944 种。
藏有 19 世纪后半期以后的政治家、外交家、军事家、官吏、实业家等近
代政治有关的人收藏的日记、书简、备忘录手稿以及办公文件等宪政
资料,约 35 万件;美国国立公文馆所藏联合国最高司令官总司令部的
文件、马里兰大学图书馆的"普兰格文库"等第二次世界大战后联合国
占领日本时期的资料(缩微胶片);约 70 个国家或地区议会议事录等
议会资料,约 150 个国家或地区的政府公报、法令集、判例集、条约集
等;政府机关、行政机关、政府间、国际组织的资料等;收藏国内外的地
图约 55 万件,包括明治时期以来日本政府发行的地形图、地质图、海
图及各国地形图等;国内发行的唱片、音乐光盘等共计约 69 万张;贵
重书、准贵重书在内的江户时期以前的日本古籍,清代以前的中国古
籍,荷兰书籍等约 30 万册;还包括《旧幕府引继书》《伊藤文库》《白井
文库》《新城文库》等特藏;与日本有关的海外文献与日本人著作、将
日本研究作为主题的外国杂志等;技术报告、国外博士论文、学协会刊
物、西文会议记录、国外专利资料等有关科学技术的资料;东亚、东南
亚、南亚、中亚、中东、北非地区的当地语言文献,以及与这些地区有关
的日文和西文文献①。

截至 2018 年 3 月,国立国会图书馆提供了大约 266 万件数字化
资料,互联网访问 53 万件、馆内访问 213 万件。其中图书 97 万件,互
联网访问 35 万件、馆内访问 62 万件;杂志 129 万件,互联网访问 1 万
件、馆内访问 128 万件;古籍 9 万件,互联网访问 7 万件、馆内访问 2 万
件;博士论文 14 万件,互联网访问 1 万件、馆内访问 13 万件;政府公

---

① 　特藏专藏[EB/OL].[2018－05－02]. http://www.ndl.go.jp/zh/aboutus/
outline/collection.html.

报 2 万件,全部互联网访问;宪政资料 0.3 万件,全部互联网访问;音像资源 0.4 万件,全部馆内访问;日本被占领期间相关资料 6.3 万件,互联网访问 6 万件、馆内访问 0.3 万件;"普兰格文库"4 万件,全部馆内访问;历史音频 5.2 万件,互联网访问 0.2 万件、馆内访问 5 万件;其他机构数字化资料 0.2 万件,全部馆内访问。

第三节 馆藏发展战略

一、国立国会图书馆中期构想《普遍利用 2020》①

国立国会图书馆于 2016 年 12 月制定了最新的国立国会图书馆中期构想《普遍利用 2020》,确立了 2017—2020 年四年期间的使命、目标和三个基本任务,以及帮助完成基本任务的四个角度或行动方针。

具体来看,该战略计划中确立的日本国立国会图书馆的使命是:"在对应时代要求和技术发展的同时,立足于长期视点收集资料和信息,并加以整理进行系统化,构筑了《信息资源的基础》。在此基础上,最为重要的是,以客观准确的立法调查,在完善国会的国政审议方面做出贡献。另外,努力使人民群众、行政以及司法部门能够顺利得到所需要的资料和信息。"

国立国会图书馆的目标是,不断对应时代的变化,从普遍性视点推进基本任务的完成。

---

① "国立国会图书馆中期构想《普遍利用 2020》"以及"国立国会图书馆活动目标 2017—2020"[EB/OL].[2018 - 05 - 02].http://www.ndl.go.jp/zh/aboutus/vision2020.html.

其基本任务是：①辅助国会活动。增强系统化、抽选和分析信息、知识的专业能力，加强人力和物质资源，以可靠的资料与调查准确地辅助国会和国会议员的活动和调查研究。②收集保管资料和信息。收集和储存资料、信息，以标准要求进行系统性整理，并完善长期保管的机制。③提供信息资料的利用。为了让人们顺利检索到信息资源，以最合适的设施、设备和系统提供服务。

在以下四个角度或行动方针下，完成基本任务：

（1）使用环境：追求更方便的利用方法

国立国会图书馆必须不断地追求能够检索到对应使用目的最适资料、信息的机制。对服务程序、设施和系统设计加以改善，所有直接或间接参与的职员都应该本着"为读者着想"的精神对待工作。

（2）组织能力：发挥每个职员的能力

职员在行动时要时刻考虑图书馆的使命并使读者最大限度地满足，在业务上发挥自己的能力。在组织里，要通过合理活用职员的能力，发挥出各个职员能力总和以上的力量。为了达到上述目的，国立国会图书馆致力于推进开发能力和改善业务。

（3）携手合作：为信息基础的扩大和深化做出贡献

随着电子信息环境的变化，国立国会图书馆收藏的资料和信息在通过与其他机关所藏资料一起综合利用的情况下，越来越发挥出其真正价值。此外，图书馆关联机关的发展将成为《国立国会图书馆法》所提出的和平与民主主义发展的基础，为此，国立国会图书馆推进相互联系与协助。

（4）发布信息：得到利用者对国立国会图书馆基本任务的理解

为了让利用者通过对基本任务的认知，全面正确地了解国立国会图书馆如何对待资料、信息和服务,如何开展具体业务,并且为利用者提供发现资料魅力的机会,我们尝试各种发布信息的方式。

二、"国立国会图书馆　活动目标 2017—2020"①

国立国会图书馆于 2016 年 12 月制定了最新的"国立国会图书馆活动目标 2017—2020",针对构想所提出的三个基本任务,特别是收集保管资料和信息这一基本任务,到 2020 年度为止要达到的中期活动目标是:作为日本国内唯一的国立图书馆,为了保证在将来也能够接触到信息,国立国会图书馆在广泛收集保管以出版物为主的国内外资料和信息的同时,与有关机关携手合作构筑多种多样的信息资源。

1. 推进数字文档

(1)国立国会图书馆进一步推进馆藏资料的数字化,同时还致力于收集本馆未收藏的其他机关所藏资料的电子信息,并且逐步推进以检索全文为目的的图像数据的文本数据化。

(2)国立国会图书馆对制度进行构筑和完善,收集和保存由于法律等规定被免除向国立国会图书馆提供的、目前尚不属于收集对象的有偿电子书籍、电子杂志,完善在线资料的收集制度。另外,对于国家等公共机关根据法律规定,对于民间单位则经过许诺,力图扩充网站信息的收集和保管。特别对于保管灾害记录等公共性比较高的网站和"东京 2020 年奥运会·残奥会"等记录时代的网站,我们给予重点收集保存。

---

① "国立国会图书馆中期构想《普遍利用 2020》"以及"国立国会图书馆活动目标 2017—2020"[EB/OL].[2018 – 05 – 02].http://www.ndl.go.jp/zh/aboutus/vision2020.html.

（3）为了促进、保证国家等公共机关所保管的多种多样信息资料的有效、稳定利用，国立国会图书馆与以国立信息学研究所和科学技术振兴机构为首的各个机关携手合作，共同推进各种数据的标准化等工作，专心致力于构筑横贯领域综合信息门户。

2. 资料和信息的收集与书目信息的制作及提供

（1）关于国内刊物，国立国会图书馆进一步推进通过缴送本制度进行完整的收集。关于国外刊物，则经过精选，主要收集国会服务所需要的资料、科学技术相关的资料以及有关日本的资料。今后也继续收集珍贵的文化资产和 2011 年东日本大地震的记录以及值得记载到未来的历史记录等各种各样的资料信息。

（2）国立国会图书馆与国内外有关机关携手合作，在脚踏实地地进行馆藏资料的书目编制和提供业务的同时，还促进有效利用书目信息。另外，还构筑了纸质媒体资料和电子信息的一元性管理制度。

3. 资料和信息的保管

（1）对应馆藏资料的增加，国立国会图书馆踏实地推进关西馆的扩建。

（2）为了长期保管馆藏资料，国立国会图书馆不断地实行减缓资料劣化的措施。关于所藏的多种多样数字形式的资料和信息，为了保证长期保管和利用，制定了具体的对策，采取保管措施。此外，为了确立永久保存的基础，在技术方面也进行了调查研究。

（3）关于资料的保管，除了国内外图书馆以外，国立国会图书馆与收藏文化资产的机关等也携手合作，推进信息共享和技术支援。另外，还支援遭受到地震等灾害的图书馆。

第四节　文献战略储备库

　　日本国立国会图书馆关西馆于 1998 年 10 月动工兴建，2002 年 10 月开馆服务。建筑面积为 59 500 平方米，预计藏书 600 万册（件）。按照总体规划，二期工程后建筑总面积为 165 000 平方米，总藏书量达 2000 万册（件）①。关西馆的主要职能：同东京馆一道进行文献资料的大规模收集与分散保存，提高情报资源利用率，减轻自然灾害影响；利用先进技术实现实体与虚拟（网络文献）情报一体化服务，加速扩大电子图书馆服务规模，营造用户友好的检索环境；成为开放式情报窗口，在向世界传递日本情报的同时接受国外情报，特别是成为亚洲文献情报的国际交流中心；促进图书馆情报网络化，在推进全国图书馆资源共享、联合目录数据库建设、情报资源开发利用及与国外图书馆联系和发展的过程中，发挥核心馆的作用；开展图书馆学情报学研究及教育，推动情报处理、通信、资料存储等技术在图书情报界的应用，促进国内外图书馆员进修与交流②。馆舍共 8 层，地上 4 层、地下 4 层。其中地上 4 层主要作为图书加工、行政办公、计算机房、学术交流室、研究室、会议室、自助餐服务区等使用。地下 1 层为读者阅览室，地下 2 层至 4 层为书库。该馆的书库，除固定书架和密集书架外，还设有缩微胶卷胶片库。为了保存好图书文献资料，书库均采用恒温恒湿设备

---

　　①　王大可.日本国立国会图书馆关西馆[J].深图通讯,2005(2):55－57.

　　②　姜晓岗.正在崛起的日本国立国会图书馆关西馆[J].图书情报工作,2004(5):119－122.

控制,书库内的温度保持在 22℃,湿度保持在 55%,并使用氮气消防设备。

另外,地下 3 层和 4 层的一部分为无楼板的挑空层,设有能收藏140 万册图书的自动书库。该书库实行全自动化管理,所有图书采用条形码标识,读者在阅览室终端上查询到所需资料,只要将需求信息输入电脑,用计算机控制的自动化检索与传输系统,会自动地找到读者所需图书所在的书库、架位、层次和排列的盒号,通过机械手装置以集装箱方式自动调出,并通过快速自动传输系统,将图书送到阅览室服务台,整个工作过程不需人工干预。

第七章　加拿大国家图书档案馆的
文献信息战略保存

第一节　文献信息资源建设政策

一、缴送制度

1. 法律依据

加拿大法定缴送政策起源于 1537 年的《蒙彼利埃赦令》,由法国国王弗朗索瓦一世颁布,自 1953 年加拿大国家图书档案馆成立之时正式实施。最早法定缴送政策适用于图书,1965 年扩大到连续出版物,随后是录音制品(1969)、多媒体工具(1978)、缩微品(1988)、录像制品(1993)、CD-ROM(1995),2007 年扩展至在线和数字出版物①。

该政策主要依据两部法律:《加拿大国家图书档案馆法》和《出版物法定缴送条例》。前者以加拿大联邦法律的形式授权加拿大国家图书档案馆收集和保存国家出版文化遗产,后者对出版商出版的出版物进行了分类,定义了出版物缴送范围。

(1)缴送 2 个复本的出版物类型

在加拿大自费生产出版物的出版者,应该遵守相关规章,在出版

---

① Legal Deposit[EB/OL].[2017-05-02]. http://www.bac-lac.gc.ca/eng/services/legal-deposit/pages/legal-deposit.aspx#about.

物公开发行之日起 7 日后或收到国家图书档案馆馆长书面要求之后 7
日,向国家图书档案馆缴送 2 个复本。缴送范围包括:不多于 4 份的
非在线出版物的出版物;在加拿大生产或发行的纸质出版物,以及带
有加拿大出版者印记的纸质出版物;在加拿大制作或者发行的录音制
品,以及不包含加拿大内容或者主要角色(如作曲家、艺术家、讲述者、
指挥、乐队、演员、作家、词作者或者制片人),或者不是加拿大人的作
品;重印本或者已缴送本无重大不同的出版物;纸质报纸;活动、事件
的计划书;作者、艺术家或者出版者采用截然不同的创意过程制作的
艺术作品或者其他作品;商业目录、广告、宣传材料、说明书和价格单;
运输服务时刻表;无附配文本的空白薄本或空白表格;日历和无附配
文本的议事日程;长条稿样复本、未完成的作品、未定稿版和草稿;学
生报告、论文以及其他课程要求而创作的作品;没有文本的图画书和
儿童剪纸书;新闻稿和通告;地方通讯,主要包括由协会组织、教区、雇
员团体、居民委员会或学校联盟出版的出版物;会议纪要和章程;海报
和广告横幅;图案、模型、计划和蓝图;书签;明信片;中小学年鉴;游
戏;网络会议议程,邮件邮发通讯录,公告牌和电子邮件;包括门户网
站、个人网站、服务站点、内部网在内的网站,以及主要由链接到其他
网站站点组成的网站;动态数据库和元数据①。

(2)缴送 1 个复本的出版物类型

缴送范围包括:音乐和语音制品;由两种及以上不同实物形式组
成的多媒体出版物;不多于 100 份复本的出版物;按需对原版出版物

---

　　① 　卢海燕.国外图书馆法律汇编[M].北京:知识产权出版社,2014:454 -
455.

进行再生产且不多于100份的复本,以及在线出版物①。

任何人违反《加拿大国家图书档案馆法》中法定缴存部分的相关规章,或没有遵守馆长的相应要求,即属犯罪,可以按照简易程序定罪②。

2.税收减免

加拿大通过税收优惠的形式补偿出版商,对于缴送图书馆和档案馆的缴送本的劳动力成本和原材料成本,可以作为商业成本在税收中予以扣除③。

3.版权

出版物向国家图书档案馆缴送,并不表明其进行了正式的版权登记,仅仅只是作为一部知识产权作品存在而已④。

二、馆藏发展政策

其馆藏建设原则是努力收藏以下三方面文献:①广泛收藏加拿大人出版的记录、加拿大历史文化的文献,在其他地区出版的与加拿大有关的出版物也在收藏之列。编写具有广泛性的国家书目,以方便文献的揭示和获取。②广泛收藏记录加拿大政府部门职能和业务活动

---

① 卢海燕.国外图书馆法律汇编[M].北京:知识产权出版社,2014:453 – 454.

② 卢海燕.国外图书馆法律汇编[M].北京:知识产权出版社,2014:433 – 434.

③ Legal Deposit—Tax Deduction[EB/OL].[2017 – 05 – 02].http://www.bac-lac.gc.ca/eng/services/legal-deposit/pages/legal-deposit.aspx#about.

④ Legal Deposit—Copyright[EB/OL].[2017 – 05 – 02].http://www.bac-lac.gc.ca/eng/services/legal-deposit/pages/legal-deposit.aspx#about.

的有价值的档案资料。③收藏记录加拿大社会多样性和历史发展的有文化遗产价值的出版物和档案资料。

2006 年,国家图书档案馆通过数字馆藏发展政策(Digital Collection Development Policy)①,将数字文献作为馆藏发展框架中的一部分。为更好完成传承文化的使命,国家图书档案馆将成为真正的数字机构作为首要发展目标。就馆藏发展而言,国家图书档案馆致力于采集数字格式的文献遗产,同时,与其他机构合作,确保对加拿大人民有价值的所有数字资源都得以收藏保存。采购范围包括以下几种:①数字出版物,包括以物理形态出版的数字出版物,如磁盘、激光唱片、光盘和只读光盘等,也包括在互联网上以在线形式出版的数字出版物;②数字记录,包括以数字形式接收的和以物理形态保存的记录;③网站,包括单次采集和在互联网上对选定网域进行大范围收割的网站;④数字资源,包括馆藏文献数字化产生的数字资源和将国家图书档案馆馆藏中已过时的技术格式转化为数字格式,用新的数字化版本取代旧有版本而产生的数字资源。

长期保存是国家图书档案馆的核心职能之一。在过去的 15 年间,国家图书档案馆已经投入大量资金,用于建立必要的实体基础设施,对模拟格式的文献遗产进行长期保存。除了世界闻名的国家图书档案馆保存中心,国家图书档案馆最近又开设了硝酸盐薄膜保存设施和用于保存部分馆藏的密集型保存设施。国家图书档案馆的长期保存目标是:为确保资源的长期保存和获取,促进文献以模拟和数字化

---

① Digital Collection Development Policy-Our Collection-Library and Archives Canada[EB/OL].[2017 - 06 - 05]. https://www. collectionscanada. gc. ca/collection/003-200-e. html.

格式等予以保存，并制定一个结构化的可持续性的战略方法，支持模拟信息资源的长期保存①。

第二节　馆藏发展现状

加拿大国家图书档案馆的前身可追溯至学者马克·莱斯卡波特于1606年创办于殖民地时期的图书馆。加拿大原国家图书馆于1953年于渥太华建成，2004年7月1日，加拿大国家图书馆和加拿大国家档案馆合并而成加拿大国家图书档案馆，是世界上第一个对档案和图书综合管理的机构，体现了图书馆、档案馆和博物馆共建协作、"三馆合一"的趋势。馆藏文献涵盖所有文献形态，不仅包括加拿大本土出版的文献，也涵盖世界范围内研究加拿大的其他文献。140多年来，馆藏文献包括：以各种语言出版的2000万册图书，覆盖稀见作家的著作和经典文学及流行小说的最早版本；长度为250公里的政府机构和私人文本记录；超过300万幅建筑图纸、平面图和地图，时间可追溯至16世纪；电子资源容量50亿MB，包括加拿大电子图书、期刊和学位论文；接近3000万件摄影图像，包括照片、底片、幻灯片和数码照片等多种形式；超过9万部电影，包括电影、纪录片、无声电影，时间可追溯至1897年；超过55万小时的音视频资源；超过42.5万幅艺术作品，包括水彩、油画、素描、漫画和小型画像，奖章、印章、海报和纹章等；约55万件加拿大乐谱，为世界收藏之最，资料类型涵盖所有文件格式，包括

---

①　Preservation[EB/OL].[2017 – 06 – 05]. http://www. bac-lac. gc. ca/eng/about-us/preservation/Pages/preservation. aspx.

钢琴卷、卷轴、八轨道磁带；加拿大邮政档案；促进加拿大文化、社会、政治和经济发展的各种有价值的私人和团体档案；覆盖全加拿大的全国性报纸，包括日报和见习报纸、土著期刊和种族社区的业务通讯①。

第三节　馆藏发展战略

一、《2016—2019 年业务发展规划》②

2015 年年底，国家图书档案馆在馆藏发展框架指导下，出台了《2016—2019 年业务发展规划》③。本规划概括了未来三年的发展要点，设置了未来三年的发展目标，并提出了达成目标的方法。规划内容包括四个部分：①国家图书档案馆的馆藏使命，其主要发展目标为收集、处理、保存加拿大的文献遗产，并提供信息服务，为加拿大政府和机构提供可持续发展的资料库。②国家图书档案馆的首要任务，主要包括服务加拿大政府机构、捐赠者、学者、研究人员、档案人员、图书馆员、学生、系谱学者及公众。③主要发展趋势，包括加拿大移动网络用户的增长要求图书馆进一步提升数字存储和数据处理能力；社交媒体等网络信息的发展对文献缴存的范围提出了新的要求，需要将该部门信息纳入缴存范围；图书馆需要通过加强跨领域的合作、实施国家

---

① About the Collection[EB/OL].[2018 – 05 – 05]. http：//www. bac-lac. gc. ca/eng/about-us/about-collection/Pages/about. aspx

② Three-Year Plan 2016—2019[EB/OL].[2018 – 05 – 05]. https：//www. bac-lac. gc. ca/eng/about-us/three-year-plan/Pages/three-year-plan-2016-2019. aspx

③ Business Plan 2013—2016[EB/OL].[2017 – 03 – 24]. http：//www. bac-lac. gc. ca/eng/about-us/business-plans/Pages/business-plan-2013-2016. aspx

数字化战略、实现数字资源长期保存、使用开放关联数据等方式应对挑战。④发展目标和预期成果,包括多渠道促进信息资源获取,提升图书馆员的技能和专业素养,提升图书馆的信息技术设备,广泛参与国内外的合作网络,加大在全社会的宣传力度等。

表 7 - 1 2016—2019 年国家图书档案馆发展目标和预期成果

发展目标	实现途径	预期成果
1. 全面满足所有用户的需求	提升资源的可获取度,比如广泛利用社交媒体,进行数字化馆藏建设,提供移动终端服务,提升文献处理加工效率,为公众提供更多政府公开信息等	• 在三年内进行 4000 万页信息的数字化,包括 650 000 份加拿大远征军资料 • 实现国家图书档案馆网站 1 亿的年度点击量 • 每年开放 100 万页政府记录 • 加工处理 10 千米的档案记录,并为用户提供服务
	通过有效的信息提供渠道,比如国家图书档案馆网站,AMICUS(加拿大书目数据网)、采用新的图书馆集成管理系统等	• 确保国家图书档案馆网站在联邦政府网站中的高点击率 • 确保95%的信息流量由搜索总量大的搜索引擎如 Google 导入 • 为出版物提供新的图书馆集成管理系统
2. 引领档案图书馆科学和新技术	提升员工的技能和专业素养	• 实施"2020 目的地"(Destination 2020)计划 • 每年实施 10 个重点业务规划 • 举办四次外界专家年度会议

发展目标	实现途径	预期成果
	拥有先进的基础设施	• 建设新的保存设备 • 在渥太华惠灵顿街 395 号馆区接待 22 000人次访问 • 通过数字保存平台实现电子馆藏的 100% 存储
3. 广泛参与国内外合作	开展有创意的合作伙伴关系	• 设立国家数字化战略秘书处 • 2019 年前与战略伙伴达成 10 个协议
	积极开展协作	• 通过公众参与每年完善两个馆藏体系 • 每年为社区项目提供 150 万加元的资助 • 实施国际关系战略 • 在国际上的文献遗产委会中有 10 位加拿大代表。
4. 广泛的公众参与度	馆藏展览	• 主办或协办 21 场展览 • 在两个大型展览场所设置国家图书档案馆的馆藏展览区 • 使国家图书档案馆社交媒体的订阅量翻番 • 签署 60 份展览转让合同 • 在加拿大两个城市开展新的服务

二、《数字战略 2015 及未来》

加拿大国家图书档案馆致力于成为一个重要的数字存储机构,发布了《数字战略 2015 及未来》。通过这个战略框架概述了加拿大国家图书档案馆如何适应不断变化的信息环境,如何跟上数字时代的步伐,以及如何在数字世界中找到新的经营方式。

加拿大国家图书档案馆在《数字战略 2015 及未来》中提出 3 个主题、10 个战略目标,每个目标下均有协同运作的操作、协作和创新等 3 个活动内容。

第 1 个主题是数字管理主题,共有 4 个战略目标(战略目标 1—4)。

第 1 个目标是数字化能力:通过使用数字管理平台(DCP),构建使加拿大图书档案馆能够实现业务模型目标的技术和工具。3 个关键活动内容分别是:①操作:开发数字管理平台,创建体系结构功能,解决当前关键的技术问题(如存储容量)。②合作:与主要合作伙伴合作评估 DCP,探索 DCP 与私营公司合作的机会。③创新:确定无成本或低成本临时存储方案。

第 2 个目标是数字遗产:确保收藏新型数字文献遗产,如数据、网络和其他数字内容。3 个关键活动内容分别是:①操作:实施采访策略,接受原生数字信息资源,优化数字采购政策和流程,针对加拿大政府和私营公司开展网络归档。②合作:与合作伙伴合作,确保加拿大国家图书档案馆的政策和过程与合作伙伴现存及计划的数字采访内容一致;与加拿大政府机构接触,为数字遗产向国家图书档案馆转移作准。③创新:创建文献遗产的获取与保存策略。

第 3 个目标是选择性数字化:基于用户需求、保存需求及其他标准开展国家图书档案馆馆藏数字化来优化服务。3 个关键活动内容分别是:①操作:数字化公共领域馆藏,制订一个三年数字化计划并评估存储需求。②合作:协同开展数字化。③创新:众包数字化优先。

第 4 个目标是数字化描述:确保所有馆藏的元数据和描述不断丰

富。3 个关键活动内容分别是：①操作：研制所有馆藏的数字化描述，研制数字化及保存元数据标准，元数据改造和跨行业整合。②合作：众包方式丰富已有元数据，与加拿大知识机构合作建立映射到国家图书档案馆可控词表的自然语言分类法。③创新：重新审视官方语言描述政策，鼓励白话文描述。

第 2 个主题是数字发现主题，共有 3 个战略目标(5—7)。

第 5 个目标是开放存取：促进任何人、任何地点、任何时间尽可能多地发现和使用国家图书档案馆馆藏。3 个关键活动内容分别是：①操作：研制馆藏开放存取策略，执行 2013 馆藏发现政策。②合作：加大对加拿大政府开放政府举措的贡献，与捐赠者和内容提供商协商删除访问限制并开放馆藏。③创新：实施国家图书档案馆"默认开放"方法。

第 6 个目标是社会参与：积极推广与客户的社会交往，提升馆藏价值。3 个关键活动内容分别是：①操作：研制馆藏开放存取策略，执行 2013 馆藏发现政策。②合作：加大对加拿大政府开放政府举措的贡献，与捐赠者和内容提供商协商删除访问限制并开放馆藏。③创新：实施国家图书档案馆"默认开放"方法。

第 7 个目标是网络内容：发挥领导作用推动创建记忆机构网络，实现加拿大文献遗产的全面访问。3 个关键活动内容分别是：①操作：定义联邦"访问"体系结构，定义 DCP 的要求以允许与合作伙伴未来的连接，建立一个合作伙伴参与及管理的专用功能。②合作：参与数字管理国家战略的制定，制定合作伙伴合作及参与政策，为国家数字知识库组织建立体系结构和标准体系。③创新：创建馆藏元数据开放链接供公众和合作伙伴使用。

第 3 个主题是数字发现主题,共有 3 个战略目标(8—10)。

第 8 个目标是用户意识:将用户需求和预期嵌入政策、管理及行动的各个层面。3 个关键活动内容分别是:①操作:优化适用的政策和指导使其与用户需求相一致;建立用户需求咨询程序,以确定投资重点;创建服务策略和用户服务标准;创建以用户为中心的绩效衡量标准。②合作:与合作伙伴合作开发用户档案。③创新:建立数字集合,吸引用户参与馆藏建设。

第 9 个目标是数据告知:及时提供国家图书档案馆决策支持数据。3 个关键活动内容分别是:①操作:审查和修订绩效措施;结合现有专家分析,集成数据驱动的决策支持。②合作:与合作伙伴交换绩效措施。③创新:探索应用真正的数据开放方法①。

第 10 个目标是数字文化:建立一个有经验、能力和文化的组织,实现加拿大文献遗产的数字化管理和传递。3 个关键活动内容分别是:①操作:为 LAC 定义"数字能力",并制订相关培训计划;建立一个变革管理战略和计划,鼓励安全创新文化;审查和调整业务流程、管理和政策,以支持目标监督和实现。②合作:设立私营机构数字领导人咨询小组以帮助其塑造内部数字文化。③创新:找出数字创新者,创建"数字创新会议"②。

---

①② Digital Strategy 2015 and Beyond:Mind the Shift[EB/OL].[2017 – 10 – 12].http://www.bac-lac.gc.ca/eng/about-us/publications/digital-strategy/Documents/LAC-Digital-Strategy.pdf.

第四节　文献战略储备库①

1. 性质和功能

加拿大国家档案保护中心隶属于加拿大国家档案图书馆,是其重要的组成部分。馆藏声像档案、纸质档案以及干板、玻璃早期缩微载体档案等大量本国的珍贵档案资料和文献,并长期致力于档案保护技术的研发。

2. 位置、面积

(1)位置和距离

加拿大国家档案保护中心是国家永久性保存档案的地方,属于国家固定资产,是专用建筑物,位于加拿大魁北克省的加蒂诺市,距离加拿大国家政治、文化中心——首都渥太华的国会山 12 公里。

(2)投资和面积结构

加拿大国家档案保护中心成立于 1997 年 6 月 4 日,基本建设投资 8900 万加元,内部装饰和配备投资 1800 万加元,占地 34.7 公顷。建筑主体南北长 99 米,东西宽 90 米,高 19 米,建筑面积 3.2 万平方米。内部包括 48 间档案库房,使用面积为 1.68 万平方米。

3. 内部构造和设施

保护中心共有 6 层,1 到 3 层是档案库房,4 层是中间层,5 层是办公层,6 层是地下室。工作人员的办公室、实验室、会议室、图书室、活

---

① 加拿大国家档案图书馆档案保护中心纵览[EB/OL].[2017 – 10 – 12].http://www.360doc.com/content/13/1120/08/176053_330669928.shtml.

动区均在 5 层,面积约 5600 平方米。4 层高约 3 米,通风管网和洗手间上下水管道、卫星信号通信电缆、电源线由此进入办公室、试验室、图书室。保温、降湿管网和上下水管道,消防用水、动力线照明线由地下室进入档案库房,地下室的高度约 2 米。共有 3 部电梯供工作人员使用,其中两部是出入档案库房专用,另有一部步行梯在正门处备用。5 层到 1 层有紧急疏散步行梯。

4. 档案库房

(1)库房面积

加拿大国家档案保护中心的档案库房每层有 16 间,东西向各 8 间,中间有约 3 米宽的通道。3 层共有档案库房 48 间,每间长 31 米,宽 11 米,高 3 米,每个库房约 350 平方米。每个库房可存放 0.2 米厚的公文 12 684 卷(册),48 间档案库房可容纳 121.8 公里长的档案。

(2)构造

每个档案库房的四面墙都是承重墙,用于承载 5 层和房顶的部分重量。

(3)存储方式

48 间档案库房按保存的载体不同,分别配备了不同的密集架和专用设备。主要有以下几类:密集架、底图柜、声像档案柜、绘画立体保存的框架和档案柜。如声像档案库房的密集架,面对库房门一字排开,有 64 排,每排又分为 20 组,每组可存放 70 盘电影胶片或 3 小时以上的 BETA 磁带,每间档案库房可存放 9—10 万盘声像档案资料。

(4)存储环境控制

除两个"冷冻"档案库房(-18℃)外,其余库房的照明、消防、安全、监控设施基本相同。每个库房,分别装有两排四行日光灯(其照度在 100 勒克斯以上）。库房的温湿度参照 ISO 标准和加拿大国家标准进行设定，这也是目前国际档案、图书、感光材料界专家认可的标准。值得说明的是，如需利用缩微胶片的原底片和彩色胶片，要提前一星期约定，档案工作人员要在平衡间过渡，以防止结露和脱膜。

第八章 澳大利亚国家图书馆的
文献信息战略保存

第一节 文献信息资源建设政策

一、缴送制度

1. 法律依据

澳大利亚国家图书馆的缴送政策依据 1968 年第 63 号法案《版权法》,该法经过数次修订,最新版是 2017 年 12 月 22 日修订版本。根据该法第 195 条 CA-CJ 款①规定,在澳大利亚出版文学、戏剧、音乐或艺术作品,必须把作品的拷贝件送到澳大利亚国家图书馆。澳大利亚国家图书馆也可以要求提供在线可获得的作品。所有在澳大利亚出版或未出版的"国家图书馆资料"都须在出版后 1 个月内缴送 1 份至澳大利亚国家图书馆,否则将处以 10 个罚款单位。缴送的样本必须是该作品的完整的、最优的样本。比如,当该作品的精装版和平装版都出版了的情况下,精装版的样本也必须缴送。样本的再版或其后续版本若有变化或在之前版本的基础上增加了内容,如增加了说明、文本内容等,则必须缴送。如果一本书重新印刷后改了题名或者更改了内容、变更了出版者,

---

① Copyright Act 1968 [EB/OL]. [2018 – 05 – 02]. https://www.legislation. gov. au/Details/C2017C00414.

也被认为是新的版本。值得注意的是当一个作品或版本的复制品能被公众获得时(通过销售或其他方式),这个作品就被认为已出版。

澳大利亚的缴送制度分为依据国家版权法和州版权法两种,各地区必须同时遵守国家版权法和地方版权法或相关法规,所缴送出版物分别存于国家馆和指定的地方馆①。因此,澳大利亚国家图书馆入藏缴送政策规定的所有文献,一些与州和地方图书馆达成协议的文献除外。澳大利亚国家图书馆一般不入藏仅关于当地社区的文献,这部分文献收藏和保存的职责在相关的地方图书馆。

2. 国家图书馆资料

《版权法》把"国家图书馆资料"(National Library Material)定义为网站、网页、网络文件、图书、期刊、报纸、小册子、乐谱、地图、平面图、图表或表格等,同时是文学、戏剧、艺术作品及作品的任一版本(包括印刷出版物、电子出版物及其他出版形式的出版物);包含文本或其他阅读材料、插图、图画、版画、照片或音频视觉元素有增加或更改,并且在早期版本中未体现的第二或以后版本;国家图书馆部长规定的作品或版本。需要注意的是复制件形式和电子形式均属于国家图书馆材料②。

3. 电子出版物

2016 年,澳大利亚国家图书馆将缴存范围扩大到电子出版物,包括澳大利亚所有的印刷文献、电子书、期刊、杂志、报纸、报道、乐谱、地图、网页和公众社交媒体,涉及澳大利亚的每个团体、组织和个人。并于 2016 年 6 月制定了《澳大利亚国家图书馆电子出版物缴存规定》,

① 卢海燕. 国外图书馆法律汇编[M]. 北京:知识产权出版社,2014:571.

② Copyright Act 1968[EB/OL]. [2018 – 05 – 02]. https://www. legislation. gov. au/Details/C2017C00180.

为出版商提供了电子出版物缴存指南,并计划于 2019 年出台国家电子缴存服务,为澳大利亚境内所有正式发行的电子出版物提供涉及缴送、存档、管理、发现和信息传递服务,实现澳大利亚 9 家大型国立、州立图书馆的联合缴存制度。

二、馆藏发展政策

澳大利亚国家图书馆根据 2016 年馆藏发展政策①确定了该馆在澳大利亚本土和海外的文献收藏范围和类型。澳大利亚藏书包括印刷型出版物、在线和其他数字资源、非正式出版物。印刷型出版物包括专著、连续性出版物、报纸、临时性文献、乐谱和地图等;在线和其他数字资源数字化文献、"原生"数字资源、从未转化成印刷形式的网站资源、在网上商业出版的电子资源、物理形式的电子资源如 CD-ROMs、DVD 和软盘等。非正式出版物包括手稿、私人档案、图片、口述历史和民俗记录等。该图书馆还拥有相当数量的海外和稀有图书资料,以及世界级的亚太收藏。

澳大利亚国家图书馆收集馆藏时要优先考虑图书馆馆藏既有优势以及是否填补馆藏中的特定空白等原则,当务之急是收集原始资料和文献遗产材料。优先收集记录澳大利亚和澳大利亚影响力的资料,反映文化多样性的澳大利亚文献;优先收集中国、日本、韩国和东南亚地区中泰国、老挝、柬埔寨、缅甸、印度尼西亚和东帝汶文献;美拉尼西亚中巴布亚新几内亚、所罗门群岛、瓦努阿图、斐济和新喀里多尼亚文献;各国"现代"有关的资源以及支持历史、政治、政府、经济、文化、环

---

① Collection Development Policy 2016 [EB/OL]. [2018 - 05 - 02]. https://www.nla.gov.au/book/export/html/9244.

境、社会问题和区域内关注的研究的文献;优先收集澳大利亚历史、社会和发展资料,影响澳大利亚政治、历史、政府、国际关系、环境、能源和资源、经济、贸易、第一民族和人民运动、人口变化、健康趋势、音乐和艺术、社会和文化问题的资料,以及澳大利亚与新西兰关系、与南极洲的方方面面及支持澳大利亚研究的参考资料。

除了发展本馆的馆藏,澳大利亚国家图书馆致力于和澳大利亚国家档案馆、澳大利亚国家美术馆、澳大利亚国家海事博物馆其他收藏机构合作一起保障澳大利亚文献。

三、长期保存相关政策

澳大利亚国家图书馆的基本任务是保存澳大利亚的文献遗产,并确保它们可用于当前和将来。文献保存对图书馆来说是一个重要的工作,图书馆需要使用不同的方法,利用不同的技能和程序等管理传统和数字馆藏。澳大利亚国家图书馆的文献保存要根据级别和类型来进行,印刷型、电子出版物和特藏文献在保存政策中被列为优先级保存对象,海外文献相较于本国文献在保存方面等级相对低一些,各种文献资源都有与之相适应的方式进行保存。文献保存政策一般包括:①馆藏灾难应急计划;②数字化保存计划;③参与与其他机构在缩微项目中合作的计划;④馆藏文献复制保存计划;⑤澳大利亚报纸回溯与保存计划。

澳大利亚国家图书馆认为不同的文献保存的级别和类型是不一样的。对于绝大多数图书馆的文献,要维持它们最原始的物理形式、保持对文献获取的能力,图书馆在满足当前用户的使用需求和未来用户的使用需求中寻找一个合适的平衡点。

澳大利亚的印刷型文献、电子文献和特殊文献在保存政策中被列为优先级保存对象。海外文献一般相较于澳大利亚文献在保存方面等级会低一些，主要是确保对它们尽可能长时间的获取。但是，一些重要的海外文献，如关于亚太地区稀有的图书和图书馆资料则有特殊保存需要，因为这部分文献具有特别的国际战略重要性。

对于一些重要的资源，会有特殊的贮藏、安全、处理、复制等方式。这些宝藏和其他重要的文献，不管是澳大利亚的还是海外的，都会收入进"国家战略资源库"（Register of Nationally Significant Materials），对于这里面的资源有一系列的保存措施，包括灾难应急预案和反应。

为了避免重复努力的保存设备，澳大利亚国家图书馆积极参与了数字信息保存与存取（Preserving Access to Digital Information，PADI）网站和澳大利亚报纸计划（ANPlan）等合作。澳大利亚因其在东南亚及太平洋地区的特殊利益，在国际图联保存保护中心（International Federation of Library Associations and Institutions，Preservation and Conservation，IFLAPAC）保存项目中也作为该地区的核心参与者。

第二节　馆藏发展现状

澳大利亚国家图书馆于 1901 年建立，根据 1960 年《澳大利亚国家图书馆法案》规定，澳大利亚国家图书馆收集关于澳大利亚和澳大利亚人民的文献，文献类型主要以印刷型文献为主，也包括数量可观的缩微文献和日益增长的电子资源。澳大利亚国家图书馆会随着时代的变化而不断评估、改进现有的资源建设政策。

　　根据澳大利亚国家图书馆2017年数据,实体馆藏总量约1000万册(件),约占259公里书架长,数字馆藏约5.69PB,该馆每年新入藏约13万册图书,7.4万册电子资源,馆藏收藏范围包含印刷型出版物、原始文献和电子资源。印刷型出版物包括专著、连续性出版物、报纸、临时性文献、乐谱集、活页乐谱、地图集和活页地图。原始文献指未出版的文献,包括手稿、私人档案、图片、口述和民俗录音资料。电子资源包括以下几类:数字化文献;原生数字资源,如电子期刊、电子图像、口述历史的录音及邮件文件;从未转化成印刷形式的网站资源;在网上商业出版的电子资源;物理形式的电子资源如 CD-ROM、DVD 和软盘。在尽可能增加更多馆藏的同时,澳大利亚国家图书馆也更加积极地为读者搭建获取电子资源的平台,提供并订购许多澳大利亚在线搜索、数据库、全文报纸和期刊服务、网站,一些资源能免费向读者开放,但一些资源只能到馆访问。

表 8 - 1　澳大利亚国家图书馆馆藏情况

馆藏	2016—2017 年
专著(包括缩微、电子介质和临时性文件)(册件)	3 534 279
连续性出版物,现刊现报(册件)	35 526
连续性出版物,过刊过报(册件)	173 249
所有的连续性出版物(包括报纸)①	208 775
口述历史和民俗录音资料(册件)	22 989
乐谱集(册件)	232 823
图片(册件)	1 209 726

---

　　①　按种数计算,未按期数计算。

续表

馆藏	2016—2017 年
地图(册件)	744 813
航空照片(册件)	862 302
数字化(册件)	271 969
总量(册件)	7 087 676
手稿(米)	16 000

截至 2017 年 6 月,馆藏 271 969 册(件)数字化资源,包括 1 859 805 个图像(详见下表):

表 8-2　澳大利亚国家图书馆数字馆藏情况

数字馆藏	数量(册件)
总量	271 969
图书及期刊	28 025
地图	21 805
手稿	22 330
乐谱	14 450
图片	185 359

澳大利亚对网络信息的采集主要分为澳大利亚本土及亚太地区。

澳大利亚的网站主要通过"潘多拉"项目来进行。该项目于 1996 年启动,主要对澳大利亚网站和在线出版物进行选择、收集和文档复制。存档内容小到单个的文档,如 PDF 形式的文档,大到网站,涵盖成千上万种不同形式的文档,如文本、声音、图像和视频。除了政府和学术出版物外,"潘多拉"项目还收集能体现澳大利亚文化活动、政治活动、体育活动等其他方面的内容。此项目在 2004 年 8 月被联合国教科文组织列为"世界记忆工程"。

除澳大利亚一般性网站外,2014 年 3 月,澳大利亚国家图书馆针对澳大利亚政府网站发布了一种新的网络存档服务——澳大利亚政府网站存档(AGWA)。该项目自 2011 年起每年收割联邦政府网站的内容,使用户能够搜索和获取这方面的资料。项目的背景是政府出版物也逐渐向网络转型,印刷型的专著缴送量大约减少了 25%。该项目与图书馆长时间建立的"潘多拉"项目互为补充,潘多拉项目主要是存档个人、组织和有选择性的 2011 年前的政府网站。

对于国外的网站,2007 年起,澳大利亚国家图书馆与互联网档案馆(Internet Archive)合作,通过网络采集与归档(Archive-It)服务来挑选、搜集和存档亚洲及太平洋地区的网站,主要目的是长期保存这些地区的重要事件,以便未来研究所用。搜集到的内容可以通过澳大利亚国家图书馆在线查询目录搜索到。包括东亚的中国、日本、韩国,东南亚的泰国、印度尼西亚、缅甸、柬埔寨、越南、东帝汶,太平洋地区的巴布亚新几内亚。

第三节　馆藏发展战略

澳大利亚国家图书馆于 2016 年正式将电子出版物纳入缴送范围中,进一步明确了该馆的馆藏发展。目前,澳大利亚国家图书馆正系统地收集澳大利亚的电子出版物并进行有效保存。

2016 年年底,澳大利亚国家图书馆发布了《2017—2018 年整体规划》①,《2017—2018 年整体规划》由澳大利亚国家图书馆责任部门——澳大利亚国家图书馆理事会根据澳大利亚的《公共治理》《绩效问责法案》(2013)、《绩效问责原则》(2014)制定,概述了 2017—2018 年度到 2020—2021 年度的工作重点,是澳大利亚国家图书馆战略计划的重要纲领性文件。该规划主要包括:介绍、目标、环境、工作任务、能力、风险监督与管理等六个部分。

第一,目标部分提出三个发展战略:①建立国家的记忆;②实现信息资源获取;③引领、协作、连接和提升服务。第二,环境部分概述了四个方面的内容:①澳大利亚的社区环境及对文献资源的需求情况;②澳大利亚国家图书馆的馆藏情况;③澳大利亚国家图书馆的战略发展伙伴;④管理框架。第三,工作任务部分围绕澳大利亚国家图书馆的三个发展战略要点展开,分别提出了各个要点的任务、具体措施和评价标准。

以下对部分目标做简要分析:

一、建立国家的记忆

1. 要点

(1)使澳大利亚公民可以发掘并理解澳大利亚的多样化社会、文化和思想史,通过收集、描述、保存澳大利亚的正式出版物和非正式出版物(纸本和电子资源),使资源可以被当代人和后代人所分享。

(2)建设丰富的纸本和电子资源馆藏,促进对亚太地区及澳大利

---

① Corporate Plan 2017 - 18:Covering Reporting Periods 2017 - 18 To 2020 - 21[EB/OL].[2018 - 05 - 05]. https://www. nla. gov. au/corporate-documents/corporate-plan-2017-2018.

亚国际形势的学习、研究和理解。

2.具体措施

（1）通过澳大利亚国家图书馆新的数字图书馆平台高效地建设、管理、保存澳大利亚数字文献遗产；确保馆藏收藏与管理工作流程不断改进。

（2）与澳大利亚出版商合作打造数字馆藏，继续巩固数字馆藏政策和制度的实施成果。

（3）全面开发用于获取和管理大量纸质和/或数字形式的个人、组织和图片档案的系统和工作机制。

（4）开发应用程序和基础设施路线图，有效地将基于云的集合管理产品与图书馆的数字生态系统结合起来。

（5）在到达使命寿命时，更换图书馆帕克斯遗址的关键存储设备，以保障2019年以后的馆藏文献保存。

3.评价标准

表8-3　建立国家记忆的评价指标

2017—2018 年	2018—2019 年	2019—2020 年	2020—2021 年
●收集澳大利亚出版的 33 000 份资料，包括数字资源； ●收集 85% 澳大利亚出版的资料，包括电子资源	●收集澳大利亚出版的等于或多于 33 000 份资料，包括数字资源； ●收集等于或高于 85% 澳大利亚出版的资料，包括电子资源	●收集澳大利亚出版的等于或多于前一年度份数资料，包括数字资源； ●收集等于或高于前一年度比例澳大利亚出版的资料，包括电子资源	●收集澳大利亚出版的等于或多于前一年度份数资料，包括数字资源； ●收集等于或高于前一年度比例澳大利亚出版的资料，包括电子资源

续表

2017—2018 年	2018—2019 年	2019—2020 年	2020—2021 年
● 根据研究人员的需求对馆藏的深度和广度进行定性分析 ● 目标群体：数字馆藏用户	● 根据研究人员的需求对馆藏的深度和广度进行定性分析	● 根据研究人员的需求对馆藏的深度和广度进行定性分析	● 根据研究人员的需求对馆藏的深度和广度进行定性分析

二、实现信息资源获取

1. 要点

（1）在数字环境下，通过合作开展线上线下丰富的活动和服务，连接国家馆藏与社区，改善澳大利亚公众的生活。

（2）与土著社区建立联系，将馆藏与丰富的、可持续发展的文化遗产相关联。

（3）促进新知识的产生和富有想象力作品的创作。

2. 具体措施

（1）通过公共服务现代化基金实施项目：交付第一批新的数字化内容；通过探索新兴的数字渠道和平台，更新信息传递、发现和参与服务，以增强用户参与图书馆内容的能力；审查和改进业务连续性、灾难恢复和网络安全能力。

（2）任命土著馆长，加强土著社区和图书馆馆藏之间的联系，以促进其持续和活力文化的发展。

（3）通过建馆 50 周年活动，加强澳大利亚社区与图书馆的收藏和服务的联系。

（4）在 2018 年 8 月举办一个大型展览和公众活动,引起公众对库克船长和其探险之旅的认知度。

（5）为图书馆 2018—2019 年到 2020—2021 年的研究和奖学金项目招募慈善基金。

（6）参与并影响 2016 个国家研究基础设施路线图所产生的治理和资助审议,以确保继续有效地访问由图书馆管理的大型数字内容。

3. 评价标准

表 8 - 4　实现信息资源获取的评价指标

2017—2018 年	2018—2019 年	2019—2020 年	2020—2021 年
• 使用馆藏的百分比变化 • 实现 1630 万以上的线上资源点击量 • 参加图书馆的参与者的百分比变化	• 使用馆藏的百分比变化,等于或高于前一年数值 • 实现 1630 万以上的线上资源点击量 • 参加图书馆的参与者的百分比变化,等于或高于前一年数值	• 使用馆藏的百分比变化,等于或高于前一年数值 • 实现 1630 万以上的线上资源点击量 • 参加图书馆的参与者的百分比变化,等于或高于前一年数值	• 使用馆藏的百分比变化,等于或高于前一年数值 • 实现 1630 万以上的线上资源点击量 • 参加图书馆的参与者的百分比变化,等于或高于前一年数值
• 通过使用和评价馆藏及服务的案例进行定性分析	• 通过使用和评价馆藏及服务的案例进行定性分析	• 通过使用和评价馆藏及服务的案例进行定性分析	• 通过使用和评价馆藏及服务的案例进行定性分析

三、引领、协作、连接和提升服务

1. 要点

（1）开发和管理研究基础设施，以支持国家画廊、图书馆、档案馆和博物馆收藏和研究机构库，对藏品用户创造价值和影响，造福澳大利亚经济和公众。

（2）与领导者共同推进共同目标，分享图书馆在许多数字图书馆领域的领导者经验。

（3）创新和多样化政府及私人等资金渠道，清晰地分辨潜在合作伙伴的共享价值和机会，提供高质量的产出，并用于严格的资源管理。

（4）增强图书馆工作人员的应变能力，培养他们的想象力和热情，以实现图书馆的优先权。

（5）建立图书馆改善与储存、维护相关环境性能的优秀记录和提供国家重大资产的优良记录。

2. 具体措施

（1）与澳大利亚国家级和州级图书馆合作，加强共享数字图书馆基础设施，特别是促进澳大利亚网站的电子存档和合作存档。

（2）在议会、基金会的协助下获得更多的资助。在理事会和基金会的协助下，继续开展图书捐赠，并开发吸引个人、慈善和商业捐赠的新途径。

（3）研发新的信息技术模型。开发新的 IT 运营模式，包括考虑云和外包服务，以持续提供稳定的、可扩展和创新的在线服务。

3. 评价标准

表 8-5　引领、协作、连接和提升服务的评价指标

2017—2018 年	2018—2019 年	2019—2020 年	2020—2021 年
• 通过利益相关者/合作伙伴案例研究或调查结果进行定性评价 • 目标群体：澳大利亚出版商	• 通过利益相关者/合作伙伴案例研究或调查结果进行定性评价	• 通过利益相关者/合作伙伴案例研究或调查结果进行定性评价	• 通过利益相关者/合作伙伴案例研究或调查结果进行定性评价
• 通过澳大利亚年度公共服务状态分析结果进行定性评价	• 通过澳大利亚年度公共服务状态分析结果进行定性评价	• 通过澳大利亚年度公共服务状态分析结果进行定性评价	• 通过澳大利亚年度公共服务状态分析结果进行定性评价
• 实际支出与预算的价值差异 • 实际支出与预算的百分比差异	• 实际支出与预算的价值差异 • 实际支出与预算的百分比差异	• 实际支出与预算的价值差异 • 实际支出与预算的百分比差异	• 实际支出与预算的价值差异 • 实际支出与预算的百分比差异
• 服务成本 • 图书馆服务成本目录的发展	• 服务成本	• 服务成本	• 服务成本
• 总结治理要求的绩效进行定性评估	• 总结治理要求的绩效进行定性评估	• 总结治理要求的绩效进行定性评估	• 总结治理要求的绩效进行定性评估

第九章　新加坡国家图书馆的
文献信息战略保存

第一节　文献信息资源建设政策

缴送制度

1.法律依据

根据 1996 年修订的、1995 年第 5 号法令颁布的《国家图书馆管理局法》规定,新加坡境内每一种图书馆文献资料的出版者,应当在出版日期后 4 周内,自费向新加坡国家图书馆委员会缴送 2 册复本(条例另有规定的除外)至管理局指定的地方,包括出版的所有语种、所有种类、版本和版式的出版物①。

任何图书馆文献资料的出版者违反或者未遵守规定,应当被判有罪,并处以不超过 5000 新加坡元的罚款。新加坡国家图书馆管理局可依其自由裁量权,通过向合理怀疑已经构成违法行为的当事人收取总额不超过 500 新加坡元的方式私下和解。

2.搭建缴送网络平台

新加坡国家图书馆管理局作为新加坡 ISBN、ISSN 和 ISMN 的申领

---

① Statutory Functions of National Library[EB/OL]. [2016 – 05 – 07]. https://www. nlb. gov. sg/About/StatutoryFunctionsofNationalLibrary. aspx#deposit.

机构以及出版物的法定收藏机构，为了促进缴送和捐赠，搭建了两个网上平台，一个是缴送网（Depost Web），另一个是肯定缴送者与捐赠者的网络 Dnet。缴送网是为出版商而建的一站式网上平台，整体流程是出版商登记用户，经批准后赋予其权限申请 ISBN 号和 ISSN 号，申请和发放 ISBN，提交网上缴送表格（包括确定出版日期、询问版权事宜等），接收缴送本（包括缴送原生数字出版物），登记缴送本。2010年年初完成了所有出版物都在该平台登记。Dnet 是为答谢出版商、社会团体、捐赠者和内容开发者（作家、音乐创作者等）的缴送出版物与捐赠文物行为而建立的网络平台，2008 年启用，受邀加入的包括出版社、社团、机构、出版商协会与印刷业协会、捐赠的个人或团体以及其他具有良好缴送记录和对使用 ISBN 号负责任的机构，受邀加入的机构或团体享有使用国家图书馆设施的折扣、场地赞助，参与特别的图书馆节日答谢会，与图书馆合作举办实物与虚拟展览，出版研究刊物和书目，获得媒体宣传机会等。自 2015 年 11 月，所有法律缴存出版物可在新加坡政府出版物在线目录中进行查询。

第二节　馆藏发展现状

新加坡国家图书馆既是国家图书馆也是公共图书馆。作为国家图书馆，其职责包括收藏公众所需要的综合性图书资料，并成为新加坡出版物和新加坡问题研究领域各国出版物的全国总书库。

新加坡国家图书馆组织出版《新加坡国家书目》和《新加坡期刊索引》。同时，新加坡国家图书馆也是新加坡综合图书馆自动化服务网络的中心机构,这是一个全国性书目网络,为成员馆提供联合目录。新加坡国家图书馆还是 ISBN 和 ISSN 的国际项目中心。

新加坡国家图书馆注重采访工作。新加坡图书供应中心(图书馆支援服务中心)为其提供图书馆四种语言(英文、中文、马来文、泰米尔文)的馆藏,并为新加坡国家图书馆收藏所有新加坡的出版物。新加坡国家图书馆与书商之间设有专门的网络平台称为"书商关系门户",以确保图书馆与书商的无障碍沟通,目前活跃的书商有 70 家(涵盖四种文种)。

2016 年,新加坡国家图书馆收藏马来文、中文、泰米尔文和英文文献(含实体文献和数字资源)共计 1213 万册(件)。图书资料包括:①书籍、期刊、报纸、小册子、乐谱、地图、图表、设计图、图片、照片、印章以及其他所有印刷品;②胶片(包括缩微胶片和缩微底片)、底片、磁带、光盘、声带,以及包含一种或多种图像、声音或其他数据、能够借助其他器材进行内容复制的设备。

新加坡国家图书馆加强其馆藏资源建设的做法包括:①新加坡国家图书馆根据用户需求开发新的、更有效、更人性化的资源,使图书馆的资源服务在保持稳定性的基础上,不断的发展变化,以飨读者;②新加坡国家图书馆定期与书商召开会议,关注热门话题、媒体推荐和分馆反馈信息;③新加坡国家图书馆定期与读者举行见面会,从借阅情况分析读者需求;④新加坡国家图书馆每年都会向图书供应中心按主题提交馆藏需求,采访人员根据预算调整相应的选书范围和数量,而图书供应中心的采访人员则会依赖多种工具——书评、网上资料、样书选送、出版社目录、书展等,了解读者真实需求,配合新加坡国家图书馆完成馆藏资源建设。

此外,为宣传馆藏资源,新加坡国家图书馆定期举办主题书展、新书推荐和好书推介活动;新加坡国家图书馆为本地的报刊与杂志提供书评,出版印刷本或网络形式的书目等。

新加坡互联网档案包括电子书、电子杂志、海报、网站、网页、有新加坡内容的博客、短片、有声读物、录音书本等,新加坡国家图书馆与新加坡互联网登记机构合作,通过网络爬虫等软件收集资源,有版权问题的信息存入黑色档案,其余则提供给读者浏览使用。

新加坡图书供应中心(图书馆支援服务中心)负责对所有需要储存的资料采取仓储式管理,包括新的保存本、使用过的保存本、联合国资料、缴送本和除湿保存本。

第十章　其他国家和机构的文献信息战略保存

第一节　挪威、芬兰、德国的国家文献信息资源 战略保存

一、挪威国家图书馆文献储备库

1814 年奥斯陆大学图书馆开始被赋予国家图书馆的职能,1989 年挪威国家图书馆分馆在摩城成立,开始负责缴送图书的管理储备,1992年挪威国会决定建立独立的国家图书馆,1994 年奥斯陆大学图书馆和挪威国家图书馆分开,2005 年挪威国家图书馆在奥斯陆对公众开放。为加强对馆藏文献信息资源的保存利用,挪威国家图书馆共建有 4 个储备库,以解决馆藏异地储存和灾备问题。分别是在奥斯陆建设的地下储备库和胶片储备库,在摩城建设的山区储备库和储备检索自动化库。

摩城山区储备库,地质结构稳定,山体内部温度相对较低,湿度等环境条件相对稳定,是建设文献储备库的理想场所。常年恒温 9℃ ,山区外界的新鲜空气经过干燥和过滤后输入储藏室,每小时换气一次,相对湿度控制在35% 。为降低库区设备造成的热量抵消,设备间同存储区相隔离,并加装通风设备。为了抵消环境变化的冲击,所有进出库的材料都要在一个 14℃ 、相对湿度 35% 的房间内进行至少 24 小时的环境适应处理。库区还设置了单独的房间来接收和清理新入藏文

献,感染蛀虫的文献要专门处置,以保持库区高度的整洁。山区储备库加强了对于常规武器的防御,针对电磁辐射做了特殊处理,以保证数字资源长期存储的安全。为保障挪威北部冬季恶劣条件及战时库区通风系统等重要系统的运作,库区单独设置了柴油发电机,确保供电不间断。为避免库区遭受水、火灾害,山区储备库将电气设备的使用降至最低,只用于照明通风和数字资源长期储备库,所有的通风管道都建设于建筑外部,胶片由于其可燃性,被单独分区域存放,每个胶片存储室都设有防火隔断、报警设施和独立的通风通道,并且在库区建设时尽可能采用不可燃材料。制定妥善的安检制度,定期对电气设备进行维护检修,对灭火系统进行严格管理,例如平常水管不加压,加强门禁与监控系统以避免偷窃和破坏公物情况的发生。制定应急预案,特别是现场抢救文献资源的方案,在灾害一旦来临时可以降低损失。库区还特别和当地安全消防部门进行密切联系,使其能够了解库区藏品的重要性和特殊性,以便在灾害发生时及时应对。受物理空间制约采用仓储式书库模式,1993 年山区储备库投入使用时,有 4.2 万米长的书架,可容纳 150 万件藏品,存放的藏品既有图书、期刊、地图、海报等各种纸质文献,也有缩微胶片、照片、录音制品等特殊载体资料。大部分藏品被保存在经脱酸处理的盒子或信封中。在山体库外还建有 37 个胶片专用库房,目前共存放有胶片 45 吨,库内配有现代化的防火报警和自动灭火系统。出于文献保护和安全考虑,库中藏品原件一律不对公众开放,但可通过复制获取复本。2000 年,山体储备库内又增建了数字文献储备库①。

---

　　①　翟建雄.图书馆文献储备库:国外建设模式及比较分析[J].法律文献信息与研究,2016(1):6–15.

挪威储备检索自动化库在地面建造,采用自动存储式书库模式,采用瑞仕格公司(WMS/Swisslog)的仓库管理系统软件与挪威国家图书馆的电子图书馆目录(BIBSYS)实行联网,每小时能处理 200 本书的预约。库房采用"混沌"的存储模式,即每一个文献藏品及装文献的容器都有唯一条码与之对应,文献根据体积等因素无规律存放,当一本书被提出仓库,另一本书就填满了它原来的位置,当它被归还时,会被放置到另一个位置,完全通过 WMS 管理系统控制每一个文献藏品的流通和存放位置。

表 10 - 1　挪威国家图书馆各文献储存库对比表[①]

	山区储备库 (摩城)	储备检索 自动化库(摩城)	地下储备库 (奥斯陆)	胶片储备库 (奥斯陆)
存储内容	纸质文献、硝酸盐胶片、数字资源	纸质文献	纸质文献	缩微胶片
文献利用率	低	低	高	高
功能	保存	保存及利用	利用	利用
面积	5500 平方米（一期）	1000 平方米	44 000 平方米	N/A[*]
容量	书架长度 4 万米	架高 14 米,配备 41 638 个铜制存储盒,容量 150 万册(件)	书架长度 4.4 万米	25 万盒胶片

---

① 孙伯阳,张红霞. 挪威国家文献战略储备库建设[J]. 图书馆,2013(3):61 - 62,68.

续表

	山区储备库 （摩城）	储备检索 自动化库（摩城）	地下储备库 （奥斯陆）	胶片储备库 （奥斯陆）
造价	约合 2.07 亿 人民币	约合 1.14 亿人 民币		N/A
环境控制	温度 9℃，湿 度 35%	常温	18℃，电磁辐 射频率（射频） 45%	

＊N/A 表示不适用。

二、芬兰国家储存图书馆

芬兰是世界上图书馆密度最大的国家之一，也是图书馆利用率最高的国家之一[①]。1989 年 3 月由政府出资建立了国家储存图书馆，接收、储藏来自全国图书馆的低利用率文献，保证所有芬兰境内的出版物至少保存一本，成为国家储存图书馆的财产，在全国范围内运行。作为特别的储藏设施，它采用流线型储藏，每平方米安置 15.68 个书架。储藏文献也参与联合目录的合作编目，也进行回溯编目，馆藏文献大部分可以通过芬兰大学图书馆联合目录和图书馆目录检索，通过联机、电话、电子邮件、传真等预订服务，一般接到请求都是当天处理，文献满足率接近 100%，采用电子复印、邮件借出，并且提供免费的馆际互借和电子传递。

---

① 闫月香.国外储存图书馆的建构模式及对我国的启示[J].新世纪图书馆,2015(4):74－77.

1. 功能①

芬兰国家储存图书馆主要功能是接收、储藏来自全国图书馆的文献,保证所有芬兰境内的出版物至少保存一本。它由国家教育部研究组负责,为全国各类型图书馆服务,是图书馆网络中活跃的节点,是低利用率文献的"文献供应中心",同时也参与联合目录的合作编目。

2. 储藏

芬兰国家储存图书馆每年收到的文献总量为书架长度 4—7 公里,2013 年以来,文献量的书架总长度为 80 公里,共接收 250 万册图书和期刊,其馆藏 90% 来自研究图书馆,65% 来自大学图书馆。芬兰国家储存图书馆的一个独立特殊馆藏是国外论文,主要通过欧洲国家中心交换而来。

三、德国国家图书馆储备书库

德国国家图书馆的创始者赋予该图书馆的使命是:全面搜集法定采访范围的各类文献,长期妥善保存,确保文献的长期可用性,以开放、用户友好和可靠的方式,按照最新的国际标准进行著录,使文献可以在全世界范围内进行检索和引用。为德国的文化生活以及德国的国际科学与文化交流做出实质性的贡献。到 2011 年年底,德国国家图书馆总馆藏已达到 2700 万册(件)。2009 年,莱比锡及法兰克福两地分馆馆藏日增长量已达 1300 册(件),仅莱比锡的馆藏量就已接近1500 万册(件)。德国国家图书馆现有馆舍建筑历史悠久,已不能满足日益增长的馆藏数量,修建新的书库已迫在眉睫。对此,德国国家

---

① 于文莲.芬兰国家储存图书馆[J].国家图书馆学刊,2005(3):57-58.

图书馆已于 2007 年 8 月开始对莱比锡馆舍进行第四次扩建。此次扩建将兴建一座总面积 14 000 平方米且高达 9 层(包括地下 3 层书库)的建筑。其中书库面积约占 9100 平方米,包括一般书库、德国书籍和文字博物馆的书库、德国音乐资料馆的书库。此外,德国书籍和文字博物馆的展馆及工作面积将占 3500 平方米,德国国家图书馆音乐资料馆也有 1400 平方米。该 9100 平方米的书库将容纳 2.4 万米长的新书架,迁入文献将采用密集排架法。

第二节　国际图书馆协会联合会馆藏发展战略

2015 年 12 月国际图书馆协会联合会(International Federation of Library Associations and Institutions, IFLA)(以下简称"国际图联")管理委员会通过了《国际图联战略计划 2016—2021》(*IFLA Strategic Plan 2016—2021*),提出四个战略方向。战略方向 1:社会中的图书馆。帮助图书馆和信息服务机构,创建会读写、有文化、齐参与的社会;实施各项策略,开发各种工具,让图书馆成为信息、教育、研究、文化和社会参与的主要提供者。战略方向 2:信息与知识。建立起一套框架,推动对任何形式、任何地点的信息与知识的平等获取。增强图书馆的能力,使其成为创新的媒介,方便所在的社群创建和循环利用其文化内容。战略方向 3:文化遗产。支持图书馆和信息服务机构,并与文化遗产合作伙伴紧密协作,共同保护各种形式的文化遗产,既包括传统和历史的遗产,也包括本地和当代的留存,从而优化文化遗产保护行动的协作。战略方向 4:能力建设。提升图书馆和信息服务机构在国家、地区和全球层面的声音。制定一项宣传议程,增强国际图联成员的宣传能力,让图书馆成为政治、经济和社会变迁的主要参与者。下面着重对战略方向 2 和战略方向 3 做进一步说明①:

1. 战略方向 2:信息与知识

主要倡议:

(1)建立一个长期可持续的信息环境

国际图联将建立一个强大的证据和资源库,为制定有关开放和获取数据、信息和知识的相关政策提供支持。在证据和资源的基础上,将确定长期可持续的信息环境的必备要素。

(2)推广平等的版权框架

活动 1:推广为印刷品阅读障碍者制定的《马拉喀什条约》

国际图联将与图书馆一道,推动成员国批准《马拉喀什条约》,方便盲人、视障人士和其他印刷品阅读障碍者获取出版作品。

活动 2:推动文本和数据挖掘海牙宣言

国际图联将与合作伙伴一道,推动文本和数据挖掘《海牙宣言》,为知识发现和创造提供数据、实施和想法。

活动 3:完善电子借阅框架

国际图联将为图书馆指出版权法律体系必须进行的改变,确定图书馆许可证的最佳模式,从而支持电子借阅。

活动 4:继续与世界知识产权组织(WIPO)和其他伙伴的合作

国际图联将继续与世界知识产权组织(WIPO)和其他伙伴合作,为图书馆在数字时代提供便利的版权框架发展。

---

① 国际图联战略计划 2016—2021[EB/OL].[2017 - 04 - 06]. https://www.ifla.org/files/assets/hq/gb/strategic-plan/2016—2021-zh.pdf.

活动5：制定有关市民创建内容的国际图联声明

国际图联将在参与图书馆服务方面制订一项战略和行动计划，推动创建本地、用户产生和市民科学的内容。

（3）影响互联网治理的未来

活动1：推动图书馆在提供互联网访问方面所起的基础作用

国际图联将继续推动公众访问互联网，并在互联网治理论坛有关图书馆中公众访问互联网的动态联盟框架内，起草一份有关公众访问的原则声明。国际图联将与信息社会世界峰会（WSIS）、WSIS＋10审查和国家、地区及国际互联网治理论坛（IGF）共同合作。

活动2：确定国际图联的互联网中立立场

国际图联将确定并推动其在互联网中立方面的立场，将其作为国际图联在互联网治理论坛中的一部分工作。

2.战略方向3：文化遗产

主要倡议：

（1）建立保存与保护中心（PACs）网络，作为全球保护记录性文化遗产的专业中心

国际图联将继续发展PAC中心网络，提供PAC专业服务，满足日益增长的需求和特定的文化、语言和地域要求。

（2）建立不同形式的内容收集和保护标准

活动1：与成员和合作伙伴一道，推动数字保存标准建设与最佳实践

国际图联将继续与教科文组织"长久保存"PERSIST项目一道，开展数字保存工作，并利用各种机会宣传数字保存和数字可持续发展的紧迫性。将在国际图联内部，与合作伙伴一道，确定并建立收集和保

存各种类型的内容的各项标准、准则和最佳实践样例,并向成员和其他参与数字保存的机构推广。

活动2:就探索图书馆在记录性文化遗产的数字/虚拟归还中进行收集和获取内容进行辩论、交换看法

国际图联将与成员和合作伙伴一道,探索在记录性文化遗产的数字/虚拟归还中出现的各种问题;提供开放交流的平台;探索能够提供并尊重适当的获取权的解决方法。

(3)通过降低灾难风险保护记录性文化遗产

国际图联将继续与成员和合作伙伴,包括蓝盾保险公司(ICBS)和教科文组织,推动风险登记,记录存在风险,或可能遭受自然和人为危机、冲突或灾难风险的图书馆馆藏。

为支持这一举措,国际图联将与蓝盾公司、教科文组织和其他可能的出资方协作,让受自然或人为灾害威胁或影响的图书馆受益。

国际图联将积极提高成员和合作伙伴对记录性文化遗产减轻风险和灾难计划的认识,尤其着重宣传将联合国《改变我们的世界:2030可持续发展议程》中的"目标11.4:加强世界文化和自然遗产保护"纳入国家法律和发展计划①。

---

① 国际图联战略计划 2016—2021 [EB/OL]. [2017 - 04 - 06]. https://www.ifla.org/files/assets/hq/gb/strategic-plan/2016—2021-zh.pdf.

第十一章　中国国家图书馆的文献信息资源战略保存

中国国家图书馆(以下简称为"国家图书馆")是我国公共文化服务的重要阵地,是面向海内外传播中华优秀传统文化的重要窗口。文献资源建设是一项长期艰苦的工作,国家图书馆需要紧密围绕职能与定位,建设国家文献资源总库,建设全国文献资源保障体系,进一步实现实体馆藏与虚拟馆藏的协调发展,加强跨界、跨领域资源联合建设与揭示,加强知识库群建设,打造产品级特色资源,重视馆藏统计评价。资源建设从存量积累向关联揭示深度挖掘转化,文献服务向知识服务转化。

根据法律要求,切实加强国家文献信息资源战略保存。以《公共图书馆法》建立国家出版物交存制度为契机,采取多种措施提高文献交存率;依托国家书目和全国图书馆联合目录建设工作,加强各类型文献信息资源的统一检索与整合揭示,推进全国公共图书馆馆藏文献的开放共享;稳步推进国家图书馆国家文献战略储备库工程,建设国家级文献资源保障中心和保存基地,实现对国家重要文献的异地备份保存[1]。

---

[1]　聚焦《公共图书馆法》|韩永进:推动、引导、服务全民阅读是重要任务[EB/OL].[2018−02−05].http://www.sohu.com/a/213117956_748548.

第一节　文献信息资源建设政策

一、交存制度

《公共图书馆法》第三章第二十六条要求出版单位应当按照国家有关规定向国家图书馆和所在地省级公共图书馆交存正式出版物。通过法律的方式对出版物交存制度做了完善。交存也称送交、缴送等。国家图书馆作为国家总书库，担负着为国家全面、完整地收藏国内出版物并妥善保存的职责，履行这项职责的基本保证之一，就是接受国内出版的中外文图书、期刊、报纸、音像制品和电子出版物的交存本[①]。国内出版物交存是完整收集与保存本国文化遗产的一种有效方式。目前世界上已有100多个国家和地区确立了出版物交存制度，其中大多都是由其国家图书馆接受出版物缴送，交存本是国家图书馆馆藏的固定来源。出版物缴送制度对于确保本国出版物的完整收藏及文化传承起着重要作用，对编制国家书目、保护作者的著作权、加强出版物管理意义重大[②]。

国家图书馆前身是京师图书馆。20世纪初，在变法图强和西学东渐的背景下，有识之士奏请清政府兴办图书馆和学堂，以传承民族文化，吸收先进科学。1909年9月9日，清政府批准筹建京师图书馆，

---

① 赵志刚. 国家图书馆国内出版物缴送的历史回顾与现状分析[J]. 新世纪图书馆,2012(12):12-16.

② 霍瑞娟,郭万里. 出版物缴送制度与中国国家图书馆国家总书库建设[J]. 中国图书馆学报,2011(11):113-119.

1912年8月27日,开馆接待读者,1916年2月,京师图书馆向教育部呈请仿各国出版物送交国立图书馆保存的通例,将所有在内务部立案出版的图书缴送一份给京师图书馆庋藏。3月6日,教育部据此奏请"内务部立案之出版图书,请饬该部分送京师图书馆庋藏"。3月8日,政事堂"奏批令交内务部查照办理"。1916年4月1日,教育部饬知京师图书馆开始接受送缴①②。自此,国家图书馆(时称京师图书馆)正式接受国内出版物的交存本。

中华人民共和国成立后,党和国家对缴送本制度极为重视,先后颁布多个关于向国家图书馆(原北京图书馆)缴送出版物的相关行政法规和部门规章(详见附录一)③④。具体如下:

1952年,我国第一次出版工作会议规定"各出版社应向北京图书馆缴送书刊"。

1952年8月16日,政务院公布了《管理书刊出版业印刷业发行业暂行条例》,第8条第9项规定"北京图书馆、中国科学院图书馆等享有接受一份缴送本的权利"。

1955年4月25日,文化部制定了《中华人民共和国文化部关

①　李致忠.中国国家图书馆馆史(1909—2009)[M].北京:国家图书馆出版社,2009:20.

②　缴送历史沿革[EB/OL].[2017-12-27].http://www.nlc.cn/dsb_footer/dsb_zcwm/#.

③　赵志刚.对国家图书馆接受缴送本的思考——基于新制度经济学视角的分析[C]//国家图书馆图书采选编目部.信息资源建设中的图书采访工作——第二届全国图书采访工作研讨会论文集.北京:北京图书馆出版社,2007:139-145.

④　向国家图书馆缴送出版物的相关法规(1952—2011)[EB/OL].[2017-10-12].http://www.nlc.cn/dsb_footer/dsb_zcwm/#.

于征集图书、杂志样本办法》[（55）文新秘字第 138、139 号]，规定"凡公开发行的书籍、图书、杂志，均应在出版后三日内，由出版者缴送样本给出版事业管理局图书馆、北京图书馆、中国科学院图书馆各 1 份"①。

1963 年 11 月 12 日，文化部发布《改变缴送北京图书馆书刊样本份数的通知》[（63）文出字第 1790 号]，规定"除各种教材、课本、教学参考用书、教学大纲、复习提纲、低年级儿童读物、连环画册、精印高级画册、单页的图片或歌谱、外文、少数民族文字或其他特种文字图书每种仍缴一份；影印外文图书，每种缴送二份外，各种图书，每种缴送北京图书馆的份数由一份增至三份；在北京、上海两地出版的杂志，每种缴送三份；在其他地方出版的每种缴送二份；外文、少数民族文字或其他特种文字杂志，每种缴送一份；影印的外文杂志，每种缴送二份"。1985 年 1 月 1 日，文化部出版局发布《图书、期刊版权保护试行条例实施细则》，第 18 条规定："图书、期刊出版后三十天内，出版单位应按国家规定向文化部出版局、中国版本图书馆、北京图书馆缴纳样本；地方出版单位还应向本省、自治区、直辖市出版管理机构和省、自治区、直辖市图书馆缴纳样本。过期未缴，经通知后仍不缴纳者，分别由文化部出版事业管理局或省级出版管理机构通报批评，情节严重者还应罚款，罚款额为应补缴的样本书刊定价的五至十倍"。

1956 年，文化部制定《修订全国报纸缴送样本办法的通知》[（56）文陈出字第 348 号]，扩大报纸征集范围，规定全国县市级

---

① 苏健. 缴送制度中的国家图书馆[J]. 新世纪图书馆，2011（5）：53 – 55.

以上(包括县市级)报纸和各地厂矿、高等院校定期出版的报纸,应定期(日报按月、其他刊期报纸按季)向文化部出版事业管理局缴送合订本二份,向北京图书馆缴送一份。

　　1979年4月18日,国家出版局颁发了《关于征集图书、杂志、报纸样本的办法》[(79)出版字第193号]①,规定"凡出版社、杂志社和报社编辑、出版的各种图书、杂志、报纸,均应在出版物出版后即向国家出版事业管理局、版本图书馆(包括二库)及北京图书馆缴送出版物样本"。根据附表规定,向北京图书馆缴送初版新书三份,杂志三份,报纸一份。1991年9月11日,国家新闻出版署发布《重申〈关于征集图书、杂志、报纸样本办法〉的通知》[(91)新出图字第990号],重申1979年《关于征集图书、杂志、报纸样本的办法》仍然施用,并补充一些新的规定,主要是把音像制品列入缴纳样本的范围。同年11月4日,新闻出版署又发出《新闻出版署关于调整向北京图书馆缴送杂志样本数量的通知》[(91)新出期字第1316号],规定"杂志向北京图书馆缴送样本的数量进行调整,由1本增至3本,其它各项不变"②。1998年6月10日,新出图(1998)563号文件《关于应按(91)新出图字第990号文件规定缴送样书的通知》规定"最近,北京图书馆向我署反映,有些出版社只向北京图书馆缴送一册样书,不能满足馆藏和借阅需要,如果不能及时补购,还将造成缺藏。北京图书馆是国家图书馆,考虑到北京图书馆的实际情况和读者借阅的需要,

----

①　关于征集图书、杂志、报纸样本的办法[EB/OL].[2017-10-12].http://www.chinalawedu.com/falvfagui/fg22598/36499.shtml.

②　任大山.中外缴送本制度及思考[J].图书馆建设,2007(6):64-66.

经研究,样书缴送应按我署(91)新出图字第990号《重申〈关于征集图书、杂志、报纸样本办法〉的通知》执行,即向北京图书馆缴送初版新书3册,向版本图书馆、新闻出版署各缴送初版新书一册。1997年8月后向北京图书馆缴送一册初版新书的出版社,请补缴二册"。

1981年5月20日,国务院发布《中华人民共和国学位条例暂行实施办法》(国发〔1981〕89号),第23条规定"已经通过的硕士学位和博士学位的论文,应当交存学位授予单位图书馆一份;已经通过的博士学位论文,还应当交存北京图书馆和有关的专业图书馆各一份"。

1987年,出版局撤销,其职能并入新成立的新闻出版署。1990年12月25日,新闻出版署发布《报纸管理暂行规定》,第30条规定"报纸经批准出版之后,应向新闻出版行政管理部门及时缴送样报、合订本,并按国家有关规定向北京图书馆、中国版本图书馆缴送样报、合订本"。

1995年2月10日,全国博士后管理委员会发布的《关于统一博士后研究报告书写格式的通知》(博管办〔1995〕3号)规定"各单位在为博士后研究人员办理出站手续时,除按原规定向全国博士后管委会办公室报送必要的材料外,还需提交两份《博士后研究报告》(报送博士后工作管理体制改革试点省市管理部门的应提交三份,由省市管理部门转交全国博士后管委会办公室两份)。全国博士后管委会办公室将集中送北京图书馆收藏"。1996年10月24日,全国博士后管理委员会发布的《关于博士后进出站管理问题的通知》(博管办〔1996〕8号)规定"为提高办事效率,《博士后研究报告》可在单位报送博士后期满出站材料之后,另行集中报送我办。同时,经与北京图书馆商定,设站单位也可将《博士后研究报告》直接送该馆博士论文收藏中心。无论将报告直送北京图书馆或集中报送我办的,设站单位均应在博士后研究人员工作期满分配工作审批表中单位意见栏内,注明报送办法"。2006年12月29日,人事部、全国博士后管理委员会发布《关于印发〈博士后管理工作规定〉的通知》(国人部发〔2006〕149号),第29条规定:"博士后人员工作期满,须向设站单位提交博士后研究报告(以下简称报告)和博士后工作总结等书面材料,报告要严格按照格式编写。设站单位应将报告报送国家图书馆。博士后人员出站时,设站单位要及时组织有关专家对其科研工作、个人表现等进行评定,形成书面材料归入其个人档案。"

　　1995年12月12日,邮电部《邮电部关于电话号簿业务经营管理的暂行规定》第16条规定"电话号簿应该在邮电部门内部互相交换,以交流经验,不断提高编印质量。电话号簿出版后,除报送上级业务主管部门考核外,应同时寄送国家图书馆"。

　　1996年3月14日,新闻出版署发布《电子出版物管理暂行规定》(新闻出版署令第6号),第2章第14条规定"电子出版物出版单位应当自电子出版物出版之日起30日内向新闻出版署、北京图书馆和中国版本图书馆缴送样品。"1997年12月30日,新闻出版署发布《电子出版物管理规定》(新闻出版署令第11号),第3章第35条规定"电子出版物出版单位在电子出版物发行前,应当向北京图书馆、中国版本图书馆和新闻出版署免费送交样本"。2007年12月26日,国家新闻出版总署令第34号发布的《电子出版物出版管理规定》第3章第35条规定"电子出版物发行前,出版单位应当向国家图书馆、中国版本图书馆和新闻出版总署免费送交样品"。同时《电子出版物管理暂行规定》废止。

1996年10月8日,新闻出版署发布《关于缴送音像、电子出版物样品的通知》(新出音〔1996〕697号),规定"凡音像、电子出版单位均应将1996年1月1日以后出版的音像制品[包括录音带(AT)、录像带(VT)、唱片(LP)、激光唱盘(CD)、激光视盘(LD)、激光唱视盘(VCD)等]和电子出版物[包括软磁盘(FD)、只读光盘(CD-ROM)、交互式光盘(CD-I)、图文光盘(CD-G)、照片光盘(Photo-CD)、集成电路卡(Ic Card)等]按照规定分别向新闻出版署、中国版本图书馆和国家图书馆(仅限电子出版物)缴送样品,每种1份"。

1997年1月2日,中华人民共和国国务院公布《出版管理条例》(国务院令第210号),第2章第22条规定"出版单位发行其出版物前,应当按照国家有关规定向北京图书馆、中国版本图书馆和国务院出版行政部门免费送交样本"。2001年12月25日,国务院公布新的《出版管理条例》(国务院令343号),第2章第23条规定"出版单位发行其出版物前,应当按照国家有关规定向国家图书馆、中国版本图书馆和国务院出版行政部门免费送交样本"。2011年3月19日,国务院公布《国务院关于修改〈出版管理条例〉的决定》(国务院令第594号)第一次修订,2013年7月18日,国务院公布《国务院关于废止和修改部分行政法规的决定》(国务院令638号)第二次修订,2014年7月29日,国务院公布《国务院关于修改部分行政法规的决定》(国务院令653号)第三次修订,2016年2月

6 日,国务院公布《国务院关于修改部分行政法规的决定》(国务院令第 666 号)第四次修订,之后,现行《出版管理条例》第 2 章第 22 条规定"出版单位应当按照国家有关规定向国家图书馆、中国版本图书馆和国务院出版行政主管部门免费送交样本"。

1998 年 5 月 1 日,教育部发布《高等学校学报管理办法》(教备厅〔1998〕3 号),第 17 条规定"学报出版后,应按照有关规定向北京图书馆、中国版本图书馆和有关行政部门免费送交样本"。

2001 年 12 月 25 日,国务院公布《音像制品管理条例》(国务院令第 341 号),第 12 条规定"音像出版单位应当自音像制品出版之日起 30 日内向国家图书馆、中国版本图书馆和国务院出版行政部门免费送交样本"。2011 年 3 月 19 日,国务院公布《国务院关于修改〈音像制品管理条例〉的决定》(国务院令第 595 号)第一次修订,2013 年 12 月 7 日,国务院公布《国务院关于修改部分行政法规的决定》(国务院令第 645 号)第二次修订,2016 年 2 月 6 日,国务院公布《国务院关于修改部分行政法规的决定》(国务院令第 666 号)第三次修订,之后,现行《音像制品管理条例》第 12 条规定"音像出版单位应当按照国家有关规定向国家图书馆、中国版本图书馆和国务院出版行政主管部门免费送交样本"。2004 年 8 月 1 日,新闻出版总署发布《音像制品出版管理规定》(新闻出版总署令第 22 号),第 29 条规定:"音像出版单位、经批准出版配合本版出版物音像制品的出版单位,应自音像制品出版之日起 30 日内,分别向国家图书馆、中国版本图书馆和新闻出版总署免费送交样本"。

2005 年 9 月 30 日,新闻出版总署发布《期刊出版管理规定》

（新闻出版总署令第 31 号），第 43 条规定："期刊出版单位须在每期期刊出版 30 日内，分别向新闻出版总署、中国版本图书馆、国家图书馆以及所在地省、自治区、直辖市新闻出版行政部门缴送样刊 3 本"。

2005 年 9 月 30 日，新闻出版总署发布《报纸出版管理规定》（新闻出版总署令第 32 号），第 45 条规定"报纸出版单位须按照国家有关规定向国家图书馆、中国版本图书馆和新闻出版总署以及所在地省、自治区、直辖市新闻出版行政部门缴送报纸样本"。

2007 年 1 月 24 日，新闻出版总署发布《关于加强音像制品和电子出版物样本缴送工作的通知》（新出音〔2007〕71 号）规定"样本缴送要及时、完整。音像制品和电子出版物出版发行后，30 日内须向新闻出版总署音像电子出版物样本征集办公室、国家图书馆和中国版本图书馆缴送样本各 1 套，所缴送的样本必须完整，不得有缺失"。

2008 年 2 月 21 日，新闻出版总署发布《图书出版管理规定》（新闻出版总署令第 36 号），第 34 条规定"图书出版单位在图书出版 30 日内，应当按照国家有关规定向国家图书馆、中国版本图书馆、新闻出版总署免费送交样书"。

2011 年 3 月 14 日，新闻出版总署发布《关于进一步加强新闻出版总署出版物样本缴送工作的通知》（新出字〔2011〕54 号）规定"向国家图书馆缴送出版物样本仍按有关规定执行"。

通过对国家图书馆出版物缴送的相关政策与法规的回顾，可以从一个侧面反映出国家图书馆接受交存本的发展历程，从中可以看出如下几个特点：

(1)《公共图书馆法》对出版物交存做了法律规定,但缺乏出版物交存的实施细则

《公共图书馆法》要求出版单位应当按照国家有关规定向国家图书馆和所在地省级公共图书馆交存正式出版物。但是对出版物交存的范围、数量和时效进行细化规定,目前国家图书馆出版物交存主要依据 1979 年国家出版局 193 号文件《关于征集图书、杂志、报纸样本办法的通知》、2007 年新出音〔2007〕71 号《关于加强音像制品和电子出版物样本缴送工作的通知》、1981 年国务院发布的《中华人民共和国学位条例暂行实施办法》和 2006 年国人部发〔2006〕149 号《关于印发〈博士后管理工作规定〉的通知》的相关规定,靠国家的行政力量予以推行和保障。随着技术发展,出版物的出版形态也发生了较大的变化,亟需尽早出台《公共图书馆法》的配套政策,细化规定交存出版物的文献类型、交存时效、交存数量等。

(2)出版物交存类型逐渐扩展,但数字出版物尚未纳入交存范围

国家图书馆接受出版物交存的文献类型,从图书、杂志、期刊逐步扩展到音像制品和电子出版物等,接受出版物交存的数量也逐渐增多。1996 年之前制定的出版物交存的相关政策法规中,都只是对图书、杂志和报纸交存做了规定;1996 年新闻出版总署发布的《关于缴送音像、电子出版物样品的通知》中,虽然包含了音像制品和电子出版物两种文献类型,但向国家图书馆缴送仅限于电子出版物。直到 2001 年年底,国务院颁布《出版管理条例》和《音像制品管理条例》,才正式将音像制品纳入向国家图书馆缴送的范围。另外,截至目前我国尚未出台全国性的有关数字出版物交存的法律或规章,数字出版物作为国家和民族文化遗产的重要组成部分,仍不能依法得到妥善收集和保存。

（3）处罚条例越来越严厉，需要出台适用于现有环境的交存制度和运行机制

1991 年新闻出版署发布的《重申〈关于征集图书、杂志、报纸样本办法〉的通知》规定：对出版单位逾半年不按规定要求缴送样本的，给予警告处分；此后仍不送样本的，给予应缴送样本定价金额一倍的处罚；情节严重者予以停业整顿。1996 年又增加了核减书号和年检暂缓甚至不予通过的内容。2002 年修订的《出版管理条例》和《音像制品管理条例》，对不缴送出版物样本者的处罚就更为严厉，情节严重的可以由原发证机关吊销许可证。不按规定交存者的处罚条例越来越严厉，需要借鉴国外一些已经成熟的交存制度和运行机制，如将交存制度纳入更具权威性和强制力的法律体系，交存的最适原则和对文献出版机构的经济补偿原则等①。

二、文献采访政策

国家图书馆各类藏书是图书馆履行其职能，发挥其功能的基础，藏书量的多少在很大程度上决定了图书馆的服务能力及其影响力。图书馆藏书，从本质上说并不是各种类型文献在数量上的简单相加，而是一个经过长期规划、精心组织的科学体系。因此，各图书馆只有制定规范的藏书发展政策，才能保证形成科学的、系统的藏书体系②。

---

① 赵志刚. 对国家图书馆接受缴送本的思考——基于新制度经济学视角的分析［C］//国家图书馆采选编目部. 信息资源建设中的图书采访工作——第二届全国图书采访工作研讨会论文集. 北京：北京图书馆出版社，2007：139 – 145.

② 汪东波，赵晓虹. 完善文献采选政策，建设国家总书库——《国家图书馆文献采选条例》修订概述［J］. 国家图书馆学刊，2004（1）：7 – 11,20.

1. 职能与定位

中国国家图书馆目前主要承担国家古籍保护中心、国家典籍博物馆、国家文献信息资源总库（国家总书库）、国家书目中心、全国图书馆信息网络中心和全国图书馆发展研究中心的职责。具体包括：

①全面收集国内出版物，选择性收集国外出版物，选择性采集网络资源，永久保存、保护收集的文献信息资源；

②开展国家文献战略储备，建设国家级文献资源保障中心和保存基地；

③依照国家法律、法规接受出版物缴送；

④编制国家书目、联合目录和馆藏目录；

⑤为国家立法、政府决策提供文献信息保障；

⑥为文化、教育、科研机构及企事业单位等组织和社会公众提供文献信息与参考咨询服务；

⑦建设国家数字图书馆，联合全国图书馆开展公共数字文化建设，建立覆盖全国的数字图书馆服务体系。

2. 馆藏发展的原则

中国国家图书馆馆藏采访的总原则是：中文求全，外文求精。国内出版物求全，国外出版物求精；多品种，少复本。国内出版的各文种、各类型、各载体文献应全面采集，尽可能保证入藏品种和版本的齐全，以履行国家总书库的职能并成为中国文献提供的最终基地；世界各国和各地区出版的有代表性的、有较高学术性和参考价值的文献应重点采选，以满足为中央和国家领导机关立法与决策、重点科研、教育、生产单位服务的需要。

具体原则如下：

①贯彻针对性、系统性、协调性与经济性原则；

②坚持文献的思想性、学术性与参考性原则；

③注意学科、文种、层次、类型与载体结构，体现藏书的综合性、研究性、多文种、多类型特点；

④注意国家图书馆已形成特色馆藏的完备性，这些特色馆藏包括中国古籍、东方学、美术史、考古、敦煌资料、舆图、手稿、金石、自然科学史、方志、家谱、年鉴、学位论文等；

⑤注意文献载体的发展趋势，在注重传统印刷型文献的同时，充分考虑缩微文献、视听文献，加强数字资源的采选；

⑥注意保持馆藏尤其是多卷集、期刊、报纸等连续出版物的连续性和完整性；

⑦采取措施保证国内所有正式出版物采集齐全，进一步加强中文资料及港澳台、海外中文出版物的采选，尽力搜集散失在域外的中国古籍，加强国外研究中国的文献和重要学科文献的采选；

⑧处理好中文文献和外文文献、数字资源和纸本文献、本馆自采和协调采选、本馆人员选书和馆外专家选书等几个方面的协调关系，注意与北京地区各类重要的大型图书馆进行分工协调，促进资源共建共享；

⑨建立完善的文献采选工作程序，加强各种采选方式的协调，相互配合，更好地利用非购入方式采选文献。

3. 近几年文献采访政策变化

（1）逐步加大文献入藏范围

为了更好地履行国家图书馆保存本国出版物的职能，保证国家书目的完整性，同时做好未成年人的服务，2007年1月，国家图书馆制定并开始实施《少儿类文献入藏调整方案》,将少儿读物类图书纳入馆藏,采访方式为缴买结合、以缴为主,每年新入藏文献近 1 万种。

根据国家图书馆文献资源建设委员会会议决议(业纪要〔2011〕9 号),从 2011 年 11 月开始,将新版教材、低幼读物、重印书、少儿音像和电子出版物等纳入馆藏,采访方式为以缴送和赠送为主,暂不考虑购买,每年新入藏文献逾 1.5 万种。

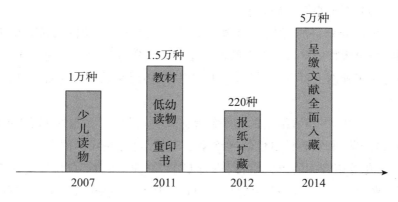

图 11 - 1 国家图书馆缴送出版物扩藏情况(2007—2014)

2012 年,结合国家文献战略储备库建设,为丰富扩大国家图书馆中文报纸的馆藏,扩藏报纸 220 种。

2014 年 2 月 25 日,国家图书馆文献资源建设委员会同意《关于缴送文献全面入藏的请示》的精神,针对各类缴送但未入藏文献制定了全面入藏方案,采访方式为以缴送和赠送为主,根据读者利用情况再考虑购买,每年新入藏文献逾 5 万种。

(2)扩展非正式出版物(灰色文献)收藏

2003 年修订发布的《国家图书馆文献采选条例》,重新明确了对灰色文献的征集,放宽了灰色文献的征集范围,除了政府出版物和学位论文外,《国家图书馆文献采选条例》还规定了适当征集未列入缴送范围的各机关团体、企业、事业单位、高等学校和科研机构出版的灰色文献①。在这种背景下,国家图书馆于 2008 年年初,重新成立专门负责灰色文献的机构——中文资料组,开始面向社会各界广泛征集各类中文资料(中文专著类非正式出版物),年征集约 7000 种。

(3)实施网络资源采集

2003 年修订的《国家图书馆文献采选条例》使国家图书馆开始重视网络出版物的采选。在继续做好馆藏特色资源的数字化建设同时,探讨和实施网上资源的采集、加工和保存,拓展文献建设的新渠道、新来源。

从 2003 年开始组建的"网络信息采集与保存"试验项目(WICP 项目)团队,制定有针对性的网络采集政策,对反映我国国家政治、经济、文化等诸方面的重大事件,进行基于"非典"事件、2008 年奥运会等主题事件的选择性网络信息采集与长期保存②,基于政府公开信息、政府公报、政府部门进行全面性网络信息采集并搭建中国政府公开信息整合服务平台,于 2011 年 10 月正式上线,使用户能够一站式地发现并获取政府公开信息资源及相关服务③。

---

① 汪东波,赵晓虹.完善文献采选政策,建设国家总书库——《国家图书馆文献采选条例》修订概述[J].国家图书馆学刊.2004(1):7-11,20.

② 张炜,张文静.中国网络信息采集工作研究现状分析——以国家图书馆为例[J].图书馆建设,2008(7):43-46,51.

③ "中国政府公开信息整合服务平台"上线通知[EB/OL].[2017-12-27].http://govinfo.nlc.cn/gtfz/gg/201110/t20111013_1041860.html.

（4）启动"中国记忆"项目

2012 年，国家图书馆启动"中国记忆"项目，整理中国现当代重大事件、重要人物专题文献，采集口述史料、影像史料等新类型文献，收集手稿、信件、照片和实物等信息承载物，形成多载体、多种类的专题文献资源集合，并通过在馆借阅、在线浏览、多媒体展览、专题讲座等形式向公众提供服务的文献资源建设与服务项目①。迄今已完成 20 多个专题，近 1000 小时的口述影像资料制作及大量历史照片、手稿、非正式出版物等文献资源采集。

（5）海外中华古籍调查暨数字化合作项目

2015 年起，国家图书馆启动"海外中华古籍调查暨数字化合作项目"，对散落海外的中华典籍进行全面调查，促使其以数字化形式回归。目前，已经成功实现法国国家图书馆《圆明园四十景图》数字版本、英国牛津大学博德利图书馆 19 册《永乐大典》和法国国家图书馆藏全部敦煌遗书等高清数字版本回归；"海外古籍登记平台"累计完成数据 30 万条；启动《海外中华古籍珍本丛刊》《海外中华古籍书目书志丛刊》编纂工作，出版《宋拓本兰亭序》《西班牙藏中文古籍目录》《文求堂书目》《普林斯顿大学图书馆藏中文善本书目》等海外古籍整理成果；与北美大学图书馆就善本书志、古籍编目等领域开展合作，积极探索以数字化、缩微等形式补充馆藏，提供利用。

（6）上线"国图公开课"

借鉴"慕课"理念，推出国家级公共开放课程平台"国图公开课"，以馆藏各类型文献信息资源和历年积累的专家学者讲座等资源为依

---

① 中国记忆项目简介［EB/OL］.［2017 - 12 - 27］. http://www.nlc.cn/cmptest/.

托,通过互联网为公众提供 16 个学科、12 个专题的精品讲座 900 余场,策划了"汉字与中华文化"等六门精品课程,已制作完成 36 讲,发布上线 19 讲,初步形成了较为完善的精品课程体系。自 2015 年 4 月 23 日"国图公开课"专题网站上线以来,网络访问量月均 45 万人次,中宣部和文化和旅游部领导同志先后做出重要批示,高度肯定了该项目对于拓展互联网宣传教育阵地的重要作用。为推动"国图公开课"科学规范发展,国家图书馆制定系列标准草案、技术平台支撑方案和宣传推广方案。通过镜像形式向黑龙江、江苏、福建、安徽、四川、贵州等 10 家省级图书馆提供部分课程视频,依托"国家数字图书馆推广工程",立项支持 103 家省市级公共图书馆,在今后一年内联合建设公开课资源 2485 小时。

第二节　馆藏发展现状

　　截至 2017 年年底,国家图书馆馆藏实体总量达到 3769 万册(件),其中,中文文献总量 2569 万册(件)、外文文献总量 1200 万册(件)、善本古籍总量 34 万册(件)、普通古籍总量 163 万册(件)。国家图书馆前身是 1909 年 9 月 9 日清政府批准筹建的京师图书馆,1916年起正式接受国内出版物的缴送本①,继承了南宋以来的皇家藏书、官府藏书、寺观藏书、书院藏书和私人藏书等,最早的文献可远溯到 3000多年前的殷墟甲骨,藏书可远溯至 700 多年前南宋时期的皇家缉熙殿

---

① 国图概况［EB/OL］.［2017 - 12 - 27］. http://www.nlc.cn/dsb_footer/gygt/lsyg/index_1.htm.

藏书,馆藏敦煌遗书、《赵城金藏》《永乐大典》《四库全书》等四大专藏尤为珍贵,是中华文明五千年传承的宝贵见证。

国家图书馆全面入藏国内正式出版物,是全世界中文文献收藏最多的图书馆,与117个国家和地区的552家机构开展文献交换合作,123种文字的外国文献资料约占馆藏近40%,是国内最大的外文文献收藏馆。国家图书馆也是国务院指定的博士学位论文收藏馆,是联合国资料的托存图书馆。

国家图书馆还设有名人手稿、革命历史文献、中国博士论文等专藏。馆藏涵盖纸质文献、缩微文献、音像制品、数字资源等各种载体。目前,馆藏量以每年130万册左右的速度增加。

表 11 – 1 馆藏实体资源一览

类别	文种	文献细类	万册(件)数
图书	中文	普通图书(含民国平装书)	920
		普通古籍(含民国线装书)	172
		港澳台及海外出版的图书	35
		合计	1127
	外文	西文图书(英文、法文、德文等)	229
		俄文图书(含其他部分斯拉夫语种)	67
		日文和东文书(日文及其他部分东方语种)	120
		合计	416
		图书合计	1542
期刊	中文	中文期刊	829
	外文	外文期刊	702
		期刊合计	1531

续表

类别	文种	文献细类	万册(件)数
报纸	中文	中文报纸	17(合订册)
	外文	外文报纸	10(合订册)
		报纸合计	27(合订册)
特藏专藏		善本(含古籍善本、新善本及外文善本)	34
		中外文舆图	15(册、张、幅、件)
		静画资料(照片、年画、工程图等)	16(张、幅)
		金石文献	33(张、片)
		手稿书札	11
		民语文献	22
		敦煌吐鲁番资料	3
		家谱、地方志资料	13
		学位论文及国内其他资料	238
		图书馆学资料	5
		国际组织及外国政府出版物	63
		特藏专藏合计	453
缩微文献		缩微胶卷、平片	165
视听文献		录音带、录像带、激光唱片、立体声唱片 MP3、LD/VCD/VHD/DVD 视盘	41(张,盘)
电子文献		CD-ROM 等	10(张,盘)
		馆藏总计(截至 2017 年 12 月)	3769

　　数字资源是图书馆信息资源的重要组成部分,是图书馆进行网络化服务的基础。国家图书馆一直非常重视数字资源的建设,1987 年起,国家图书馆开始致力于电子出版物的收集与馆藏书目数据库的建设,1999年开始制订国家数字图书馆工程建设规划,2000 年启动文献数字化加工试验项目,建立了一个文献数字化加工车间,开始有计划地进行馆藏特色资源的数字化建设,2005 年国家图书馆主持建设的国家数字图书馆工程获得国务院批准。2011 年 5 月,文化和旅游部(原文化部)、财政部联合下发通知,正式实施"国家数字图书馆推广工程"。数字资源主要来源于外购商业数据库、缴送资源、自建馆藏特色资源、网络免费资源等。载体形态包括有形数字资源和网络信息资源,使用方式包括互联网方式、局域网方式和光盘检索方式,分布区域包括现实馆藏部分和虚拟馆藏部分。国家图书馆的数字资源建设注重藏用结合,根据读者需求不断优化调整资源建设方案,重点加强了手机适用资源建设,数字电视适用资源建设,散佚海外的古籍资源数字化回归,政府公开信息等网络信息资源采集与保存等资源建设项目。由于网络资源仍未被纳入缴送范围,所以国家图书馆使用网络爬虫对网络资源进行主动采集。在采集策略上,全域性采集结合选择性采集,分别采集不同域名和主题的网络信息息。已经形成了政府公开信息整合服务平台等应用性项目。截至 2017年年底,国家数字图书馆形成了包括电子书刊报、专题数据库、音视频资源、网络资源在内的海量数字资源。

表 11 - 2　馆藏主要数字资源一览

类别	文献细类	藏量(万)
图书	电子图书(种)	378.76
期刊	电子期刊(种)	5.59

续表

类别	文献细类	藏量（万）
报纸	电子报纸（种）	0.32
特藏专藏	数字方志（种）	0.69
	石刻拓片（种）	2.4
	甲骨实物（种）	0.66
	甲骨拓片（种）	0.98
	善本老照片（种）	0.73
	善本（种）	2.12
	敦煌写卷（卷）	0.49
	手稿信札（种）	0.03
	家谱（种）	0.26
	学位论文（篇）	706.42
	会议论文（篇）	657.32
	其他（种）	3.93
	特藏专藏合计	1376.02
视听文献	音频资料（首）	113.79
	视频资料（小时）	16.13

＊数据截至2017年12月。

第三节　馆藏发展战略

2017年,国家图书馆发布《国家图书馆"十三五"规划纲要》,即

2016—2020 年规划纲要①。

2016—2020 年国家图书馆发展总体目标是履行好国家图书馆作为国家古籍保护中心、国家典籍博物馆、国家文献信息资源总库（国家总书库）、国家书目中心、全国图书馆信息网络中心和全国图书馆发展研究中心的职能，努力将国家图书馆建设成为"国内最好、世界领先"的图书馆，成为传承和弘扬中华优秀传统文化的重要基地，成为支持和推广全民阅读的主要阵地，成为国家经济社会发展的新型智库，成为创新创业的知识中心，成为业界发展和服务创新的示范高地，成为联结各类信息服务机构的开放平台。

2016—2020 年国家图书馆的主要目标：一是文献信息资源综合保障能力进一步增强，二是文献信息资源的集成化整合效能进一步提高，三是文献信息资源的研究整理与展示利用水平进一步提升，四是支撑国家创新发展的多元分层服务体系进一步完善，五是支持公民终身学习的服务网络进一步健全，六是基于现代信息技术的公共文化服务效能进一步强化，七是在国内外图书馆事务中的话语权和影响力进一步凸显，八是人才队伍建设与科学研究工作进一步加强，九是综合管理能力和保障能力进一步稳固，十是党建工作科学化规范化水平进一步跃升。

《国家图书馆"十三五"规划纲要》中涉及文献信息资源总库建设的内容有：

加强国家文献信息资源总库建设，进一步提升文献信息资源保障能力。

---

① 国家图书馆"十三五"规划纲要 [EB/OL]. [2017 – 12 – 27]. http://www.nlc. cn/dsb_footer/gygt/ghgy/.

按照国家文献信息资源总库建设的总体要求，国家图书馆需要促进实体资源、数字资源、网络资源和活态记忆资源充分融合，建设现代馆藏体系，不断完善实体馆藏与虚拟馆藏的协调互补机制，使馆藏资源内容更加丰富、结构更加合理，进一步巩固国家图书馆作为世界中文文献和国内外文文献最大藏家的地位，进一步增强对国家经济社会创新发展和政治外交重大关切的文献支撑保障作用。

（1）完善馆藏发展政策

根据国内外信息环境及出版市场发展变化情况，国家图书馆要对国家文献信息资源总库的建设原则和采选方针进行研究与必要的调整完善，修订《国家图书馆文献采选条例》，赋予"中文求全，外文求精"新的时代内涵；研究制订馆藏资源建设中长期发展规划，重点加强数字资源建设规划；探索建立重点文献专藏制度；完善馆藏资源建设的专家咨询制度、绩效评价制度和用户需求反馈制度。

（2）加强多渠道文献信息资源采集与管理

加强出版物样本缴送管理，根据馆藏发展政策，采取多种措施提高国内正式出版物、博士学位论文和博士后出站报告等法定缴存出版物的入藏完整率。加强民族文字文献、古籍特藏、民国时期文献、家谱资源、地方志、珍贵历史资料、名人手稿、非正式出版物、海外华人史料等的采访收集；完善文献补藏规划，建立私人珍贵书籍寄存制度，拓展文献补藏渠道和方式，重点开展对遗散海外的中华珍贵典籍和民国时期文献的数字化和缩微补藏。

（3）加强重点领域文献信息资源保障体系建设

加强重点学科领域、重点专题领域文献的采访与征集，逐步形成对中国学、边疆海疆文献信息资源的有效保障；加强重点国家和地区文献的采访与征集,逐步形成对周边国家和地区、与国家重大战略关系密切的国家和地区文献信息资源的有效保障。

(4)推进数字资源建设与保存工作

加快数字资源建设,特别是馆藏特色数字资源建设。围绕中央加强网络安全和信息化建设重大战略部署,结合国家图书馆资源建设整体规划,进一步明确网络信息资源采集的目标、原则、内容与方法,推动建立全国统筹、分工协作的网络资源采集、保存与共享利用机制,逐步实现对国家经济社会发展重点领域和重大事件网络资源的全面采集与保存。

(5)建设"中国记忆"资源总库

以"中国记忆"项目为依托,探索建立以各类专业信息资源保存机构为实施主体,全社会共同参与的国家记忆资源共建共享机制,逐步形成针对活态记忆资源建设和服务的标准体系,加快对各种形式民族记忆资源的搜集、整理、保存和利用,进一步扩大国家总书库文献资源入藏范围。

(6)推进海外珍贵文献调查与补充入藏

依托"中华古籍保护计划""民国时期文献保护计划"等重点项目,进一步推进海外中华珍贵典籍和民国时期文献的调查摸底,与海外存藏机构在目录编制、文献数字化加工与整合利用、保护修复等方面开展合作,积极探索以文献实体、影印出版、缩微复制、数字化版权使用等方式促进海外中华珍贵典籍和民国时期文献的回归与补充入藏。

第四节　国家文献战略储备库

国家图书馆国家文献战略储备库建设工程项目是国家"十三五"期间重大文化设施建设项目,作为国家文献战略储备体系建设的核心内容,项目的实施有利于降低国家图书馆馆藏珍贵资料集中一处存放带来的风险,解决馆藏空间与现实服务的矛盾,战略性地永久保存、保护国家珍贵重要文献资源,更好地传承中华文明,为人类保留社会文明发展的历史痕迹。为推进该项目顺利实施,2018 年 5 月,国家发展改革委下达该项目 2018 年中央预算内投资计划,用于勘察设计费、土地费等项目前期工作①,预计 2018 年年底开工,2021 年投入使用。

国家图书馆国家文献战略储备库建设工程项目选址位于河北省承德市承德县下板城镇大杖子村龙王沟,距北京白石桥馆区 246 公里。场地四面环山,占地 10.17 公顷,总建筑面积约 7 万平方米,建设内容主要包括存储库区、数据资源存储及灾备中心、业务加工区、配套用房和地下车库及人防等,具备文献存储、数字化加工、纸质文本保护修复等功能。实现传统文献资源未来 30 年存储总量约 2500 万册(件)、数字资源磁带库约 1.6 亿 TB 的存储规模。

2017 年 5 月,崔愷院士领衔的中国建筑设计院方案,以"隐于自然,融入环境,展现中国建筑园林美"得到专家和各有关方面的一致认

---

① 国家发展改革委下达国家图书馆文献战略储备库建设工程项目 2018 年投资计划 [EB/OL]. [2018 - 05 - 30]. http://www.ndrc.gov.cn/gzdt/201805/t20180530_887829.html.

可,在众多优秀参选方案中脱颖而出,成为中标方案。

该方案在设计理念上,化大为小,化显为隐,以"小式"建筑组成"聚落"形态,贯彻了隐于自然的理念,营造出曲径通幽、步移景异的中国传统园林景观意向,呈现中国传统建筑风格和园林美;在功能布局上,呼应周边自然形态,依山就势,顺山势布局建筑,减少对山体的破坏,节约造价;在可持续发展上,秉承绿色、节能、生态、低碳理念,就地取材,形成本土化的环境与文化特色①②。

第五节　国家文献信息战略保存发展建议

一、加强国家文献信息资源总库建设

1.积极推动《公共图书馆法》配套政策出台,实现国内出版物的全面交存

出版物交存对于确保本国出版物的完整收藏与保护、传承历史与文明有重要作用,为编制国家书目,更好地开发文献资源提供了重要条件,是更好地保护作者的著作权和保证国家对出版物管理的重要手段③。《公共图书馆法》对各出版单位交存正式出版物做出了明确规定,但是并未对正式出版物的范围、交存时效、交存数量、交存方式、豁

①　国家图书馆"国家文献战略储备库"设计方案出炉[EB/OL].[2017-10-13].http://blog.hit.edu.cn/xuejun/post/689.html.

②　国图国家文献战略储备库建筑设计方案确定[EB/OL].[2017-10-13].http://www.xinhuanet.com/culture/2017—05/23/c_1121018623.htm.

③　陈力.关于制定《出版物样本缴送管理条例》的提案[EB/OL].[2018-05-02].https://wenku.baidu.com/view/8520c674de80d4d8d15a4fe3.html.

免条款、补偿机制及罚则等进行细化规定,同时,随着 1991 年《重申〈关于征集图书、杂志、报纸样本办法〉的通知》被废止,有关样书交存细则的在行规定是 1979 年的《关于征集图书、杂志、报纸样本办法》,年代久远,规定也不够详细,已经不适应新形势下的样本交存工作。为了推动《公共图书馆法》交存制度的落地执行,全面保存国家文化遗产,国家图书馆要以贯彻落实《公共图书馆法》为契机,继续配合推动相关配套措施,特别是出版物交存细则的出台和落地,急需出台交存配套政策。

(1)国内外交存制度对比

1)立法形式

交存制度单独立法的有:英国国家图书馆、法国国家图书馆、俄罗斯国立图书馆和加拿大国家图书档案馆。

交存制度嵌入国家图书馆法的有:日本国立国会图书馆和新加坡国家图书馆。

交存制度嵌入版权法的有:美国国会图书馆和澳大利亚国家图书馆。

2)交存范围

将在线出版物纳入法定交存范围的有:美国国会图书馆、英国国家图书馆、法国国家图书馆、加拿大国家图书档案馆、日本国立国会图书馆和澳大利亚国家图书馆。新加坡有鉴于电子出版业日渐蓬勃,政府将修订国家图书馆管理局法令,确保国家图书馆管理局今后能将电子出版物纳入收藏,并有权采集所有在新加坡网络资讯中心(Singapore Network Information Centre,SGNIC)注册的本地公开网站(即以.sg

结尾的网址)的资料存档①。

将非正式出版物纳入法定交存范围的有:英国国家图书馆、法国国家图书馆、加拿大国家图书档案馆、日本国立国会图书馆和俄罗斯国立图书馆。尤其是日本详细规定了非正式出版物需要交存的类型。

3)交存主体

以出版商为主但不限于出版商。部分调研国家还包括各类出版者(如日本涵盖了政府机关及政府级法人、地方公共团体及同级法人、独立行政法人、民间团体或个人等)、印刷商、发行商和进口商等。

4)接受交存机构

以国家图书馆为主,有些国家也有其他机构,详见附录二。

5)交存数量

以 1—2 份为主。调研的 8 个国家中,有 5 个国家规定交存份数为 1—2 份,详见附录二。

6)交存时间

以出版后 1 个月内(30 天、3 周、4 周内等)交存为主。除加拿大规定出版前交存、法国规定不晚于发行之日交存、美国规定 3 个月内交存外,其他国家基本都规定出版后 1 个月以内交存。

7)交存方式

实体出版物以邮寄为主,部分国家邮寄免费(法国)或给予补贴(俄罗斯补贴 50%),网络出版物以自动收集、要求推送、义务交存等方式交存为主,详见附录二。

---

① 图管局今后将能收藏电子刊物及公开网站资料[EB/OL].[2018 - 05 - 02].http://www.zaobao.com/news/singapore/story20180320 - 844039.

8）豁免条款

大部分国家法定交存中都有豁免条款。

在法国,市政、商业或行政机构的印刷品、选举法中部分选举文献、不足 100 份复本的法定交存文献、不足 30 份的进口乐谱或舞谱、专利证书、产品工业设计模型、期刊文章或其他文本的复印、复制汇编和同版重印无须法定交存。

在日本,机密文件、公文格式、样本及其他简易文件在交存范围之外,经过数字版权管理（DRM）技术处理的和有偿网络资料暂不纳入交存范围。

在澳大利亚,学龄前程度出版物、电脑游戏软件等可以不交存。

在英国,除非某个交存图书馆提出了书面要求,否则出版商无须交存以下这几种类型的资料,例如内部报告、试卷、当地交通时刻表、日历、台历以及海报等。

9）补偿机制

主要有以下三种形式:

一是交存本可以简化包装,如美国交存本不要求商业化包装;二是补偿金制度,如日本对民间团体或个人交存的出版物和网络资料支付补偿金,出版物的补偿金额为零售价格的 50%、邮费和代缴费用之和,网络资料则主要补偿推送所需费用;三是税收补贴,如加拿大通过税收优惠的形式补偿出版商,交存义务人在商业出版的过程中,对于交存图书馆和档案馆的交存本的劳动力成本和原材料成本,可以作为商业成本在税收中予以扣除。

10）罚则

以罚款为主。法国较为严厉,法国规定所有法定交存义务人如故意逃避交存义务将被处以 75 000 欧元罚款。其他国家都相对较轻,如美国规定每延迟一周处以罚款不超过 250 美元,实际处罚金额是图书的零售价,无零售价的则支付图书馆相应的采访费用。日本是零售价格 5 倍以下的罚款,澳大利亚对未交存者罚款 100 澳元。

（2）建议

1）积极配合推动数字出版物纳入交存范围

国家图书馆接受出版物交存的文献类型,从图书、杂志、期刊逐步扩展到音像制品和电子出版物等,接受出版物交存的数量也逐渐增多。1996 年之前制定的出版物交存相关的政策法规中,都只是对图书、杂志和报纸交存做了规定;1996 年新闻出版总署发布的《关于缴送音像、电子出版物样品的通知》中,虽然包含了音像制品和电子出版物两种文献类型,但向国家图书馆缴送仅限于电子出版物。直到 2001 年年底,国务院颁布《出版管理条例》和《音像制品管理条例》,才正式将音像制品纳入向国家图书馆缴送的范围。

随着技术的发展,出版物的类型不断发展变化,原来的部分书配盘的出版物逐步演变成书配二维码的形式出版,其实体书通过交存制度会交存至国家图书馆长期保存和服务利用,但是以二维码形式对应的内容是不断更新的,仅由出版单位保存的数字文献,并未交存到国家图书馆。出版单位通过网络直播、MOOC、微电影等线上传媒进行内容开发;出版集团采用"中央厨房"的方式集中开展"汉籍数字图书馆""丝绸之路历史地理信息采集项目""延安红色新闻档案"等国家财政支持的数字出版项目,但这些代表国家文化创造力的文化遗产资源并未按相关规定向国家图书馆、版本图书馆、新闻出版管理单位进行交存。数字出版物作为国家和民族文化遗产的重要组成部分,仍不能依法得到妥善收集和保存。

联合国教科文组织分别于 1996 年和 2000 年公布《电子出版物法定缴存》《法定缴存立法指南(2000 年修订版)》,明确提出了对数字出版物交存问题的立场及建议,纵观各国的交存制度,为了适应数字时代的出版趋势变化,全面保存本国出版物,美国、法国、加拿大、英国等陆续将在线出版物(数字出版物)纳入交存范围,但对数字出版物交存的范围、方法等,各国的具体规定各有不同①。国家图书馆应以贯彻落实《公共图书馆法》为契机,继续配合推动出版物交存细则的出台和落地,就出版单位交存范围、复本数量、交存时效和交存方式等制定明确的细则规定。特别是将仅以互联网形式出版、网页以及原文样本的电子副本等数字出版物纳入交存范围,并对数字出版物的交存范围、交存主体、缴存数量和时效、交存方式及奖惩措施等进行细化规定,增加公益服务利用权益,保障交存样本品种。结合数字出版物的特点,建议采取国家图书馆采集与交存相结合的方法,实现对数字出版物的采集和保存,同时,做好数字出版物的使用限制约定,以保障数字出版物交存制度的顺利执行。

2)积极配合推动非正式出版物纳入交存范围

非出版单位印制的内部使用的小册子或教材(须由出版管理部门发准印证)等称之为"非正式出版物"或"内部资料"②。政府出版物、学位论文、研究报告、文史资料、民间诗文集等均属于非正式出版物。

---

① 王志庚,陈瑜.国外网络信息资源缴送动态及对我国的启示[J].图书馆杂志,2011(10):79 - 82.

② 赵志刚.国家图书馆非正式出版物收藏的国内外比较[J].图书情报知识,2011(4):48 - 51,77.

IFLA出版的"法定呈缴立法准则"中,关于法定缴存所阐述的一个基本原则是"所有出版物,只要是向公众提供并具有多个复本的资料都在交存范围之内"①。英国国家图书馆依据《法定缴存图书馆法(2003)》接受出版发行单位非正式出版物的交存,澳大利亚国家图书馆依据《版权法》接受非正式出版物的交存,日本国立国会图书馆依据《国立国会图书馆法》,基于"为了利于文化遗产的积累与利用"宗旨接受民间出版物的交存。中国国家图书馆依据《中华人民共和国学位条例暂行实施办法》接受博士论文交存,依据《关于印发〈博士后管理工作规定〉的通知》接受博士后研究报告,博硕士论文的收藏已有积极成果,其他种类非正式出版物未能纳入交存范围,由于缺乏相应的法律依据和细则规定,难以全面掌握出版信息,同时,各单位没有形成自愿缴存的习惯,致使政府出版物、文史资料、会议文献等其他类型众多并具有一定文化和历史价值的非正式出版物未能完整并连续性收藏与保存。

3）积极推动扩大缴送主体

鼓励出版商之外的出版者（团体或个人）、发行者、数据商等法定交存或鼓励自愿交存。

4）积极推动交存补偿机制出台

研究推动出版物成本补偿、寄送费用补偿、税收补偿、缴买结合补偿等补偿机制,提高交存方的积极性。

5）积极调研豁免条款

对同版重印、同内容不同版本（印本的最优版本、与印本内容相同的数字版本等）、效率手册、日历、挂图等出版物的交存豁免问题或者

---

① Guidelines for Legal Deposit Legislation[EB/OL]. [2018-02-01]. http://unesdoc.unesco.org/images/0012/001214/121413eo.pdf.

国家图书馆的处置规则进行研究,以提高国家文献信息资源总库的信息性和学术性。

2. 优化馆藏体系结构,履行文化使命

国际标准《国家图书馆绩效指标》(ISO/TR 28118:2009)中对国家图书馆的使命是这样描述的:"国家图书馆对所在国家的文化遗产承担着特殊的职责,通常由相关法律规定。它们收藏并保存国家的用文献记录的遗产资源,提供并确保对过去和现在知识文化的长期存取访问。它们在一国之图书馆与信息行业提供中心服务,居于领导地位。"中国国家图书馆作为国家文献信息资源总库,要深刻理解和认识所承担的文化使命,坚持以建设国家最终文献保障基地和构建国家文献服务保障体系为目标,进一步明确定位,确立业务范围、馆藏发展路径和核心价值,有针对性地发展馆藏。着力促进实体馆藏与虚拟馆藏协调互补,融合发展,形成内容更加丰富、文种更加多样、结构更加合理,优势更加突出的国家总书库。

(1)国外馆藏发展政策启示

1)定位明确,馆藏资源建设紧密围绕国家图书馆的使命与职能

国际图联提道,国家图书馆在一个国家的图书馆和信息系统中具有特殊的责任,通常是法律规定的。这些责任因国而异,但可能都包括:通过国家登记(印刷型和电子版本)的法定交存收集馆藏,并进行编目和保存;向用户提供服务(如参考、书目、保存、借阅);保存和推广国家文化遗产;至少采访一个外国代表性馆藏;促进国家文化政策;以及领导国家扫盲运动①。各国国家图书馆也是紧密围绕全面保存本国

① National Libraries Section[EB/OL].[2017-10-12].https://www.ifla.org/national-libraries.

文化遗产,选择性入藏外国出版物的方式开展馆藏建设;中国国家图书馆需要根据《公共图书馆法》中对国家图书馆职能的要求,根据当前经济社会发展需要,根据当前文献信息资源发展变化情况,按照"有所为,有所不为"的原则,提出重点的工作领域、重点的工作项目,并由此带动全面工作。

2)优化馆藏资源体系,服务国家战略

国家图书馆是国家总书库,多年来一直坚持"中文求全,外文求精"的馆藏采选方针,在文献资源的规模与质量方面都积累了较为突出的优势。紧密围绕建设国家文献信息资源总库的战略目标,不断优化馆藏结构、提高馆藏揭示水平,以及促进各类型馆藏资源的深度整合和便捷存取等,取得了一定的成绩。随着现代信息技术的快速发展,文献出版市场格局不断调整,传统介质文献出版量增幅回落,数字出版和网络资源比例逐年上升,开放存取、POD 出版等新的出版形式不断发展,对图书馆文献资源采集的内容和渠道提出了新的要求。随着中国国际地位的不断提升,国家在确定政治、经济、外交等重大战略的过程中,越来越需要深入全面地了解和把握世界其他国家的经济社会发展动态,也要求图书馆的馆藏资源体系能够随之不断进行调整和完善,从而为国家战略的制定和重大科学研究、重要经济社会领域的发展等提供强有力的文献保障与支撑。

(2)国外馆藏发展战略启示

1)全面采集并建设体现本国创造力的资源,履行文化使命

深刻理解和认识所承担的文化使命,明确定位,确立业务范围、馆藏发展路径和信息资源建设的核心价值,有针对性地发展馆藏。

2）跨界合作、协同发展

国家文献信息资源书库的建设离不开各个机构的相互合作。澳大利亚国家图书馆和州立图书馆在收藏范围上有区分，更有利于全国文献的收集，他们还注重和档案馆、电影资料馆等机构的合作。俄罗斯国家图书馆为保障文献采全率，也采取各图书馆分工协作的采访方式，这主要包括俄罗斯联邦各级图书馆：国家图书馆、各联邦图书馆、各地区图书馆及各系统图书馆，协作采访本国及外文文献。特别是在数字资源建设方面，应积极与这些专业领域内拥有专业技术、先进经验的单位合作，不但能够节省成本，提高效率，还能够引入专业化的系统与管理思维，甚至可以在资金支持不足的情况下发展外部资金支持，如美国国会图书馆、英国国家图书馆都有这方面的经验可以借鉴。

3）建立以国家图书馆为文献长期保存中心的战略体系

加拿大于2004年成立之初即出台了《加拿大图书档案馆法》，将其作为上位法，全面规定了其性质、法定使命、目标、职能等基本内容，之后更是有完善的呈缴法律体系出台，如《加拿大图书和档案馆法案》和《出版物法定呈缴条例》，进一步为其提供了资源保障。

法国、日本、澳大利亚等已将网络资源和数字出版物纳入法定呈缴范围，并对网络资源的使用制定了严格的规定。俄罗斯国立图书馆在文献保存方面，采取纸质文献和数字资源并重，纸质文献数字化、缩微化。加拿大国家图书档案馆及时顺应图书馆发展的潮流，逐渐加强数字资源的建设、服务和保存。反映在政策层面上，就是呈缴对象增加了电子出版物，出台数字馆藏发展政策和网络资源采集政策等，加快业务的转型。

4）设计一套行之有效的国家图书馆发展评估制度，整体把握目标实施状况

日本国立国会图书馆的"活动绩效评估"是通过分析评估的各项服务与业务情况，使其结果用于实施接下来的企划立案与活动实施，以期实现预期的使命与目标。美国国会图书馆的"总巡视官制度"是美国国会图书馆的一个重要制度设计，该制度主要针对国会图书馆的业务、人事和财务等状况进行评估，评估结果将成为制定国会图书馆发展战略的重要参考和基准。国际标准《信息与文献　国家图书馆质量评估》(ISO/DIS 21248)正在修订过程中，国家图书馆需要开展相关研究，尽早建立可行的发展评估制度。

（3）建议

《公共图书馆法》首次以法律形式确定了国家图书馆的核心职能，为国家图书馆在新时代继续秉承"传承文明，服务社会"的宗旨奋勇前行提供了法律保障和发展空间。长期以来，国家图书馆一直从国家文献资源保障体系建设的战略高度构建国家图书馆文献资源体系。随着科技的进步、文献出版量的激增，国家图书馆馆藏已经成为实体资源与数字、网络资源、活态资源的集合，成为实体馆藏与虚拟馆藏的集合，成为"拥有"资源与"存取"资源的集合。国家图书馆应该进一步从国际角色的战略高度构建馆藏体系，全面采集、描述、保存全球知识以及中国贡献的文献信息资源。国家图书馆应优化馆藏结构，满足用户需求；优化馆藏配置，符合定位和长远发展；建立评估体系、加强监管力度，提升文献保障能力，充分履行国家图书馆的文化使命。

1）继续巩固出版物样本交存成果，加强国内出版物的全面入藏

近年来，在新闻出版广电总局相关司局、地方各新闻出版广电局

以及广大出版单位的大力支持下,国家图书馆年度接受出版物样本交存工作取得了一定的成绩,2015年全国共出版图书47.58万种,国家图书馆全年实际收到缴送图书35.27万种,缴送率为74.1%;2015年全国共出版期刊10 014种,国家图书馆全年实际收到缴送期刊9287种,缴送率为92.7%,缴全率为72.8%;2015年全国共出版报纸1906种。国家图书馆全年实际收到缴送报纸1094种,缴送率为54.7%,缴全率为45.4%;2015年全国共出版音像制品15 372种,电子出版物10 091种,国家图书馆全年实际收到缴送音像制品8203种,缴送率为53.4%,全年实际收到缴送电子出版物9956种,缴送率为98.7%。交存量、交存率、交全率较前些年整体态势有提高,馆藏得到极大丰富。《公共图书馆法》和相关配套细则的出台会进一步促进交存制度的执行,是国家图书馆全面保存本国出版物的重要制度保障。

国家图书馆通过采购、交换、赠送、竞拍、数字化和缩微化复制、征集等多种方式全面入藏国内出版物,宏富的馆藏是中华优秀传统文化绵延不绝的有力证明。国家图书馆要继续坚持多种保障措施,不断提高国内出版物的采全率,同时,随着正式出版物的出版形式不断发展变化,非正式出版物更是形式多样,种类繁多,缺藏文献的补藏也成为国家总书库建设的重要一环。一方面要拓展文献补藏渠道和方式,如在招投标采购、补藏的基础上,注重竞拍补藏、民间收藏家的私藏补藏、馆级合作补藏和面向社会征集补藏等方式;另一方面要注重优先补藏具有科学、文化和历史意义的文献,从价值性、完整性、系统性与协调性几个方面综合考量。全面采选对国家文化发展历程有重大意义的文献,如2015年国家图书馆入藏天成二年刻本《佛说弥勒菩萨上生经》,它是世界上现存有明确纪年的第二件雕版印刷典籍,在世界印刷史上堪称标志性例证;全面采选对具有历史文化价值的手稿以及历史和文化领域著名人士的个人档案资料等文献,如2017年国家图书馆入藏杨献珍所撰《党与阶级(群众)的关系》等手稿126种126册叶,入藏司徒乔及夫人等珍贵手稿;全面采选反映革命文化的新善本,如2017年采访《抗战以前选集》(第一集)和《党的路线问题选集》(第二册)等两部中共文件集,是学习中国共产党早期历史的重要文献;选择性开展专题性补藏,如2008年起,国家图书馆加强收藏海外中国学专题文献,2012年起,国家图书馆加强收藏《东京审判》等日本战犯审判相关资料;优先补藏各出版单位代表性作品,注重通过数字化和缩微化的方式补藏复制件,努力做到版本最大化和内容最大化。

2)坚持国外出版物求精的采访原则,确保重点学科、重点专题外文文献的及时引进

国家图书馆以满足国家经济建设、社会发展、文化教育、科学研究等方面的文献信息需求为目标,开展重点领域、重点专题文献的跨界、跨领域采访与建设。

全面采选以下出版物:

①"中国学"出版物,包括海外中文文献、中国人在海外或国内以外文出版的文献以及国外研究中国的文献;

②国际法、国际条约和各国的宪法、重要法律、法令;

③著名国际奖项(如诺贝尔奖项)和重要国家级奖项(如龚古尔奖项)获得者以及国家院士级学者的作品;

④国外古代、稀见和有价值的出版物;

⑤图书馆学相关作品。

重点采选以下出版物:

①大型综合性百科全书,字词典和国家级年鉴;

②"一带一路"国家及周边国家政治、经济、文化、民族、宗教、军事、地理等文献;

③气候、能源、基因工程等重点领域和重点专题文献;

④历史、语言、文学、哲学、法律、文化、艺术等社科类文献;

⑤亚太地区出版物。

选择性采选国外重要非正式出版物。

不采选医学、农学、冶金、化工等与国家科技图书文献中心(NSTL)分工协作的领域。

3)不断优化馆藏结构,建设现代馆藏体系

正如前文所述,国家图书馆馆藏已经成为实体资源与数字、网络资源、活态资源的集合,成为实体馆藏与虚拟馆藏的集合,成为"拥有"资源与"存取"资源的集合。国家图书馆应该进一步从国际角色的战略高度构建馆藏体系,全面采集、描述、保存全球知识以及中国贡献的文献信息资源;优化馆藏结构,满足用户需求;优化馆藏配置,符合定位和长远发展;建立评估体系、加强监管力度,提升文献保障能力,充分履行国家图书馆的文化使命。

国内出版物全面交存后,可在与省级图书馆分工协作的基础上,对国内出版物中信息小、使用期短或不宜长期保存的图书,如台历、内置电池的儿童读物、挂图、拼图、效率手册等多种文献可采取调拨、减少复本数量或缩短保存年限等原则入藏。

优先考虑跨学科内容以及学科内的重点科目内容,平衡学科主题和文献类型,同时结合研究价值选择内容。

重视数字内容建设的倾斜,注重印刷型版本到数字版本的过渡,当可以采集到国外出版物相同内容的数字版本时,可考虑停止采集印刷型版本,特别是电子期刊。2017 年 6 月英国艺术和人文研究理事会与不列颠图书馆(Arts and Humanities Research Council & British Library)联合发布的题为《学术图书及其未来》的报告中指出学术著作在可见的将来仍以纸质形式出版,而电子书仍将以补充的形式而不是替代的形式出现①。基于版本保护和服务需求开展印刷型版本到数字版本的转换,平衡长期保存与现实需求的矛盾。

重视存取链接服务内容。重视开放存取资源和开放数据,互联网免费资源,特别是高校等的机构库资源,一些不需要长期保存但是技术可实现链接服务的内容可直接采取链接服务。

4)有序开展散佚海外的中国古籍、民国重要文献的采访征集和数字化回归

目前大量中华典籍流失海外,总数达数百万册件,这些中华典籍现主要收藏在欧美等发达国家的藏书机构或私人手中,包括甲骨简牍、敦煌遗书、宋元善本、明清精椠、拓本舆图、少数民族文献、民国书信及手稿等,许多具有非常重要的资料价值和艺术价值②。一方面要依据有关国际公约合法追索、通过拍卖市场抢救回购、制定政策鼓励捐赠回流、馆际间合作与文献互换等手段,将古籍和民国重要文献的原生实物进行回归。如 1997 年上海市政府斥资 450 万美元从美国抢救回购了翁同龢的全部藏书。另一方面,在"中华古籍保护计划"和

————————

①　吴建中.国内外图书馆转型与创新动态[J].大学图书情报学刊,2018 (1):3 – 11.

②　陈力.政协委员建议设立"海外中华善本回归工程"[EB/OL].[2017 – 05 – 02].http://www.chinanews.com/cul/news/2009/03-10/1596387.shtml.

"民国时期文献保护计划"框架下,对他国所藏中华古籍和民国重要文献采取复制、缩微、影印等形式回归。如 2002 年人民卫生出版社出版的《海外回归中医古籍善本丛书》,2003 年商务印书馆等出版的《哈佛燕京图书馆藏中文善本汇刊》,2009 年 10 月由中国国家图书馆与哈佛燕京图书馆达成协议,拟对哈佛燕京图书馆所藏 4210 种中文善本和齐如山专藏进行数字化回归,同年 11 月中国国家图书馆与东京大学东洋文化研究所签署合作意向书,东洋文化研究所将所藏 4000 余种汉籍,以数字化方式无偿提供给中国国家图书馆,这批数据包括收藏在东洋文化研究所和一些专藏文库中的珍贵宋、元、明、清善本,具有重要的史料文献价值。近年来,已促成"哈佛燕京图书馆藏中文善本特藏资源库"741 部、法国国家图书馆藏《圆明园四十景图》和敦煌写卷、牛津大学博德利图书馆藏《永乐大典》19 册等一批珍贵文献以数字化形式实现回归。要进一步加强海外古籍和民国重要文献普查,摸清海外中华古籍和民国重要文献分布情况及数量、历史文化价值、存藏状况等信息,建立海外古籍、民国重要文献资源联合目录,有序开展海外古籍和民国重要文献的数字化回归。

5)深入推进音乐类视听资源建设

国家图书馆馆藏实体音视频资源近 41.33 万盘、数字音频资源113.79 万首、数字视频资源 16.13 万小时。以中、英、日文为主。音频资源以世界各国的经典名曲及歌曲为收藏的主要内容,外语教学磁带及 CD 教学光盘也有大量收藏;视频资源以中外经典故事影片和纪录片为主要收藏内容,同时涉及社会科学和科学技术等领域。视听文献中有一大批极具收藏价值和使用价值的馆藏精品。例如,国内外古琴方面的资源 300 多种,基本囊括近现代古琴名家的所有重要作品;已

故日本著名音乐评论家志鸟荣八郎先生赠送的《志鸟专藏》,包括早期
西方古典音乐大师作品以及现代日本音乐家的民族音乐作品,具有极
高的欣赏和研究价值;1988 年入藏的《二十世纪录像百科全书》;2008
年购买的《史密森民俗音乐系列》;2010 年收藏的《中华武术展现工
程》《二十世纪伟人》;2017 年国家图书馆引进一批由欧洲各国在 20
世纪 50—70 年代压制的 1.5 万余张黑胶唱片,内容基本涵盖所有音
乐类型,其中部分已经绝版等。为了进一步完善、挖掘和传播中外优
秀视听文化精品,大力开展多元文化艺术普及教育和推广工作,国家
图书馆要在全面接受视听资源交存的基础上,全面采集中国民族音
乐,选择性采集国外古典音乐。注重采集收藏乐谱类资源、音乐艺术
类资源,使国家图书馆不仅成为读者获取知识的宝库,更要成为读者
陶冶情操、净化心灵的艺术殿堂和提升艺术修养的终身课堂。

　　6)加强地图类资源建设

　　国家图书馆自 1909 年筹建京师图书馆时,清内阁大库所藏舆图
拨交国家图书馆庋藏,著名的《福建舆图》等百余种珍贵明清绘本舆图
成了国家图书馆的第一批地图藏品。1929 年 9 月,国家图书馆(时称
国立北平图书馆)和北海图书馆合并时,将两馆旧存舆图集中整理,同
时开始征购新旧舆图①,国家图书馆现有馆藏中外文舆图约 14.7 万册
件,其中 1949 年以前编制的中文古旧地图约 8000 种,其中尤以明清
以来各种木刻或手绘的政区图、边界图、占河图和区域图等较有特色,
无论在数量上、质量上均是全国少有的,是研究我国历史、地理、政治、
经济、文化、交通的重要资料。2013 年,国家图书馆整理馆藏文献和中

---

　　①　白鸿叶,吴碧华.国家图书馆地图资源收藏及其利用[J].四川图书馆学
报,2012(5):59－61.

外舆图,出版《文献为证:钓鱼岛图籍录》,服务于国家外交和国防需要。应注重通过竞拍、交换、捐赠和征集等多种方式采访入藏舆图,特别是内部地图资料和一些非正式地图资料,必要时,可采用复制的方式入藏数字化、缩微化和纸质复制品。全面采集与中国相关的舆图,选择性采集国外涉及边疆、海疆的舆图。

7)持续推进地方志、家谱、年鉴、文史资料等史料性资源建设

国家图书馆馆藏各类地方志、家谱 12.6 万册(件)。其中 1949 年以前编印的旧方志居海内外收藏之首,近百种明清孤本方志尤为珍贵,其中线装家谱 9.8 万册,如清代戏剧家孔尚任所修《孔子世家谱》、曾为周作人收藏的《越城周氏支谱》等。

国家图书馆藏有全国各级政协编写的文史资料,涵盖 31 个省、市、自治区。

国家图书馆收藏的年鉴类型包括全国综合性年鉴、地方性年鉴、统计年鉴、专业年鉴等。馆藏年鉴种数达 9000 种①。国家图书馆已经形成地方志、家谱、年鉴及文史资料等史料性资源馆藏优势,需要密切关注出版变化,积极参与相关学术活动,持续保持与相关单位的联系,持续推进资源建设,保持馆藏优势,服务于国家经济、文化建设。

8)不断提升馆藏文献整理开发水平

2017 年年初,中办、国办印发《关于实施中华优秀传统文化传承发展工程的意见》,部署了传承发展中华优秀传统文化的战略任务。近年来,社会各界对传承和弘扬中华优秀传统文化的关注度、共识度

---

① 张丽丽. 论国家图书馆年鉴采访面临的挑战和对策[J]. 现代企业教育,2012(7):188 – 189.

越来越高,古籍整理成果显著,文史类图书畅销,传统文化类节目热播。受中宣部委托,国家图书馆组织开展了《中华优秀传统文化百部经典》编纂工作,激活经典,让经典的生命力绵延下去①,并编辑出版《中华珍贵典籍史话丛书》《佳联赏析》,《鲁迅手稿全集》、"一带一路"、海疆文献、石刻文献和武昌首义文献整理与研究等"国家传统文化典籍整理工程"正式启动。结合"中华古籍保护计划"和"民国时期文献保护计划",一大批古籍和民国时期文献整理成果陆续出版,既是对历代典籍的有效传承,也是通过跨时代、跨学科的文献整理与开发工作传播当代核心价值观,让历史服务于当代。国家图书馆既是国家文化资源的保存利用者,也是国家文化资源的重要建设者。

3. 数字资源建设与共享

国家图书馆牵头实施"国家数字图书馆工程"和"数字图书馆推广工程",建成世界上最大的中文数字信息保存、服务基地。根据《2016—2017 中国数字出版产业年度报告》②,截至 2016 年年底,国内数字出版产业累计用户有 16.73 亿人(家/个),2016 年产业整体收入5720.85 亿元,比 2015 年增长 29.9%,呈现持续增长态势。经统计分析,数字出版板块中最具赚钱潜力的细分板块依次为互联网广告、移动出版、网络游戏、在线教育,四者合计占比94%,是拉动数字出版产业收入增长的主力军。而传统书报刊数字化占比仍在下降,2016 年互联网期刊、电子图书、数字报纸的总收入为 78.5 亿元,在数字出版总

---

① 《中华传统文化百部经典》首批 10 部正式出版[EB/OL]. [2017－10－12]. http://news. hexun. com/2017-09-30/191086196. html.

② 《2016—2017 中国数字出版产业年度报告》在京发布[EB/OL]. [2017－10－12]. http://www. gapp. gov. cn/sapprft/govpublic/6954/339730. shtml.

收入中所占比例为 1.37%, 相较于 2015 年的 1.69% 和 2014 年的 2.06%, 继续处于下降趋势。网络文学的原创占比从 69% 上升到 79.7%, 说明 IP 使网络文学原创数量激增且受欢迎。有声读物已成为数字阅读领域继电子书之后的新兴增长极, 2016 年中国有声阅读市场增长 48.3%, 达到 29.1 亿元。《2016—2017 中国数字出版产业年度报告》对 2017 年乃至今后数字出版产业发展趋势做出预判, 认为主要体现在人工智能技术将重塑出版流程、IP 运营将实现从量变到质变跨越升级、数字教育出版生态圈逐步形成、学术期刊集群化向纵深发展等方面。

（1）国外数字战略启示

1）面对数字出版趋势和发展, 各国陆续开始建立和完善相关法律、制度或实施细则

2001 年英国国家图书馆即与出版者签署自愿交存协议, 将离线（手持）电子出版物纳入自愿交存范围。2003 年, 通过《法定缴存图书馆法（2003）》将在线出版物纳入交存范围, 2013 年 4 月 6 日, 英国正式开始实施电子出版物法定缴存制度。2004 年 12 月, 丹麦颁布《出版物法定缴存法》将数字出版物（主要是网络出版物）、广播电视节目和公映电影均纳入交存范围。2004 年, 加拿大通过《加拿大国家图书档案馆法》将网站及其他数字内容纳入交存范围, 通过"数字出版物交存平台"上载。2009 年 7 月, 日本修订《国立国会图书馆法》规定自 2010 年 4 月 1 日起由国家、地方公共团体和独立行政法人等发布的网络信息由网络信息发布者向图书馆交存或者由图书馆进行收集。2010 年 2 月, 美国修订《版权法》规定仅以网络形式出版的出版物纳入交存范围。2016 年, 澳大利亚国家图书馆将缴存范围扩大到电子出版物, 包

括澳大利亚所有的印刷文献、电子书、期刊、杂志、报纸、报道、乐谱、地图、网页和公众社交媒体,涉及澳大利亚的每个团体、组织和个人。

各国对数字出版物交存的规定在交存范围和交存方式等内容上均不相同,但是随着数字出版业的快速发展,越来越多的国家将数字出版物纳入法定交存范围,并专门制修订版权法、图书馆法或专门的交存法律等形式,将数字出版物的法定交存制度化、规范化。同时,数字出版物的交存范围随着出版形态变化而适时变化。这也充分证实了各国对全面保存本国文化遗产的深入解读。国家图书馆应尽快早做准备,为将数字出版物纳入交存范围做好前期准备。

2)制定数字馆藏发展战略

美国 2016—2020 年战略规划中强调要增加识别并获取数字资源的方法,建立在数字资源整个生命周期中对其进行有效管理的工作流、系统及进程,增加适应于网络的数字馆藏数量等。英国国家图书馆致力于将英国图书馆发展成全球信息网络中的主要枢纽,在《2020年愿景规划》中提出的第一个优先发展战略就是确保未来的英国国民能够无障碍获取英国图书馆数字存储资源。2015 年修订的《俄罗斯联邦民法典四》第四部分规定任何公共图书馆可以不经作者和著作权人的许可,数字化 10 年内不再版的科学教育作品。2016 年修订的《文献缴送本法》规定在印刷出版物出版的 7 天内,将原文样本的电子副本呈缴给俄罗斯国家图书馆和俄罗斯图书局,节省了数字化成本和时间。日本国立国会图书馆的"国立国会图书馆　活动目标 2017—2020"中提出推进数字文档,包括进一步推进馆藏资料的数字化,完善在线资料的收集制度,共同推进各种数据的标准化等。加拿大国家图书档案馆 2016—2019 年业务发展规划中提出图书馆需要通过加强跨领域的合作、实施国家数字化战略、实现数字资源长期保存、使用开放关联数据等方式应对挑战。澳大利亚国家图书馆在《2017—2018 年整体规划》中提出建立国家的记忆,全面保存澳大利亚正式出版物和非正式出版物(纸本和电子资源),建设丰富的纸本和电子资源馆藏。

各国在发展战略中的数字馆藏发展战略上略有不同,但是均将数字馆藏发展作为未来馆藏建设的重要内容,从各国在全球信息网络中的定位与角色的高度认识数字馆藏建设,从满足读者服务需求的现实出发,推进数字馆藏建设。

(2)建议

1)有重点地加速数字资源建设

国家图书馆是世界最大的中文数字资源保存和服务基地。国家图书馆要统筹推进数字资源建设,确保数字资源总量稳步增长、质量稳步提高。坚持外购与自建相结合,拥有与存取相结合的原则。从资源建设的系统性、整体性出发,按照统一规划、统一标准、加强管理的原则,统筹规划数字资源建设项目、建设内容、建设方式和建设经费。加强馆藏文献数字资源建设工作与重大文化工程、馆藏开发项目的结合,避免资源重复建设。以馆藏特色文献为重点,加强对中华优秀传统文化的挖掘和阐发,有针对性地开展数字资源建设,打造主题鲜明、体系完整并且能够与其他类型资源优势互补的数字资源库。立足用户需求,最大限度满足公益服务的需要。加强对资源使用效益的评估并适时调整,进一步提高国家图书馆数字资源建设水平和质量。

国家图书馆数字资源建设主要以馆藏文献数字化、数字资源征集、数字资源自主采集、海外数字化文献回归、数字资源交换等多种方式开展。国家图书馆在国家文化遗产保存、馆藏版本保护、读者服务、

资源共享等领域发挥了重要作用。为了进一步做好数字资源建设,需要进一步做好以下几方面:

①积极配合推动仅以互联网形式出版、网页以及原文样本的电子副本等数字出版物纳入交存范围。

②尽早建立自愿交存制度,与政府部门、出版商或个人签订资源交存协议,开始接收未纳入法定缴存范围的资料。

③搭建数字出版物交存与服务平台,鼓励出版单位电子呈缴或者自愿交存数字出版物以及纸质版本的电子副本,推动国家数字文化战略实施,对进入公有领域文献开展免费公益性服务,对在版权保护期内的文献,在知识产权框架下提供有偿服务,结合用户使用情况由著者和出版单位进行利润共享。

④优先采购数据库产品,便利数字资源服务。

⑤重视“开放存取”资源,特别是机构知识库资源的整合利用。

⑥在交存和数据库产品无法满足文献版本保护和服务需求时,有计划地开展馆藏文献数字化和专题资源库及专题知识库建设。

加快馆藏古籍和民国时期文献的数字化转换工作,加快进入公有领域馆藏文献的数字化,加快馆藏仅有一个复本并无法通过市场行为采购文献的数字化;加强数字馆藏特色资源建设,围绕社会发展的重大热点问题、重要学术研究领域和特定用户群体的信息需求,建设一批主题突出的高质量专题资源库;同时,突出重点,集中力量打造数量不多,但内容丰富、体系完整并且能够与其他类型资源形成优势互补的自建数字资源库,促进国家图书馆实体资源和数字资源充分融合的现代馆藏体系建设。

⑦结合读者服务需求,加快移动资源、微视频等碎片化资源的

建设。

2）加快推进网络信息资源的采集保存

随着信息技术和网络技术的飞速发展，网络信息资源的种类和数量快速增长，据统计，截至 2017 年年底，我国网站数量达到 526.06 万个，其中不乏具有较高学术、文化和科研价值的资源，它们是信息技术时代国家和民族文化遗产的重要组成部分。然而，与纸质文献资源相比，网络信息资源面临更为严峻的长期保存挑战，迫切需要从国家文化完整保存的高度加强网络信息资源的采集与保存。国家图书馆需要积极配合推动仅以互联网形式出版、网页以及原文样本的电子副本等数字出版物纳入交存范围，加快推进网络信息资源的采集与保存。

国家图书馆网络信息保存保护工作将紧密围绕中央加强网络安全和信息化建设重大战略部署要求，以维护国家网络安全、推进信息化建设、保存中华数字记忆、满足社会信息需求为目标，搭建较为完备的网络信息保存与服务体系。藏用并重，有重点地全面采集国内网络信息资源，特别是全面采集政府网站及政府公开信息，围绕国家利益，大量采集免费访问的中文网站，采集奥运会、"一带一路"等专题网站，适当采集开放存取网站及开放数据及机构库网站、网页等；选择性采集国外网络信息资源；规范建设网络信息专题资源库，以用户需求为中心实施多层级发布服务；利用先进技术工具，实现网络信息资源的科学组织和整合；推动符合国情的网络信息存缴和保护法律体系发展。网络信息的保存保护，将为国家网络安全、信息化建设、社会经济和文化的发展和弘扬提供保障和服务。积极配合推动仅以互联网形式出版、网页以及原文样本的电子副本等数字出版物纳入交存范围，并做好相关准备工作，主要内容如下：一是探索适合我国网络信息资源选择、获取、收集、保存、应用和服务等解决方案,制定国家图书馆网络信息保存保护工作规范标准,构建网络信息采选、保存与应用的基本体系,实现网络资源长期保存和有效应用;二是研究制定网络信息资源的采集策略和内容选择标准;三是培养一批专门专业人才队伍;四是开展合作共建与交流共享,联合其他组织机构及行业专家,逐步扩大网络信息保存保护工作的国际话语权和影响力。

重点做好平台建设、中心建设、数据分析中心、法律体系、技术体系和服务体系建设。

• 建设一体化网络信息采集平台

参照国际成熟的网络资源集成体系,建设一体化的网络信息采集平台,实现对不同广度、深度的网络信息的采集、加工和管理,交存与采集并举,保证网络信息采集的完整性和时效性。实现采集流程的规范化。要制定采集频率、采集策略、保存格式等相关的行业标准,保证网络资源的完整性和长期可获取性,提高网络资源采集的工作效率和经济效益,实现采集手段的多元化。针对不同采集对象使用不同类型的采集工具,实现不同语种、格式的网络信息的有效采集,保证网络信息采集的全面性和准确性,实现采集平台的复用性。支持根据实际需求可伸缩部署的建设方案,便于采集规模的扩展和建设成果的推广。

• 建设完善的网络信息保存中心

采用分布式存储架构和云存储技术,基于大容量的存储设备,实现网络信息的长期保存、长效可用。按照 EB 级容量的存储架构进行设计,同时具备可扩展性,能够随着数据量的增长、应用的扩展而有序地扩充保存能力和服务能力,为工程提供数据存储服务和数据空间支持;采用统一调度、集中索引的保存模式,全面保存采集到的网络信息资源。建设完备的长期保存管理流程、操作规范,通过严格的质量管理控制保存资源的质量;参考国际通用的长期保存标准规范,应用检查、恢复、剔除、更新、迁移等技术,切实保障资源的长期保存;构建开放性、拓展性、可复制的存储系统,为采集平台、分析中心提供大数据存储支持和实时数据调用服务,并且可以随着数据处理的复杂度提高、系统性能要求提高而扩展存储能力。同时,存储系统的架构可以支持位于不同地域的、多个存储系统之间的分布式存储服务,多个存储系统间可以实现数据交互。

- 建设高效的数据分析中心

数据分析中心主要是对网络信息数据进行组织、分析与挖掘,提炼出有价值的内容,为政府组织、科研单位、国防机构等提供知识服务和决策支持。利用云计算技术和并行数据库技术实现异构异源海量网络数据的离线或在线运算,提高数据处理效率;利用大数据挖掘技术和人工智能技术对数据进行关联分析和深度挖掘,从大量纷繁复杂的数据中找出规律性和发展趋势,揭示出事物之间的关联,提供决策建议;通过数据可视化技术将抽象的数据关系通过表现元素直观地进行展示,并提供交互功能,提升服务品质。

- 建设特色化网络信息保存法律体系

为保证网络信息采集工作合法有效地开展,要加大相关法律法规的建设力度,明确赋予法定保存机构采集、保存互联网资源的法定权利,推动建设我国网络信息保存的法律保障。加强网络信息基础设施、网络信息技术发展、网络信息资源、网络信息安全等方面的政策建设;对《出版管理条例》等系列呈缴相关规定进行修订,将现有出版物样本缴送制度的调整范围扩大至网络出版物,围绕缴送范围、缴送方

式、缴送期限、缴送格式、利用条件等问题进行详细的制度设计；推动
对《著作权法》《信息网络传播权保护条例》等版权法规的修订，允许
具有保存国家文化遗产职责的法定保存机构采集互联网上向公众开
放且无获取限制的网络资源并进行长期保存，并赋予其根据实际需要
解除技术保护措施的权利以及为了长期保存的目的对缴送的网络出
版物进行复制的权利。

●带动技术与应用领域创新体系建设

在工程建设过程中要实现技术和理论的创新，并且在应用过程中
带动相关行业或领域的技术革新，形成具有前瞻性和引导性的创新体
系。技术方面的创新，包括中文网络信息资源采集和组织管理、网络
信息长期保存技术和体系、网络信息挖掘和分析、网络热点分析和追
踪等方面，形成若干先进的技术专利和软件著作权；网络管理手段的
创新，包括网站分类、网站内容评估、网络信息筛选和过滤方面，为国
家互联网管理和治理提供支撑；带动其他领域的行业创新，充分发挥
优质网络资源的信息价值，为文化、教育、旅游等行业提供数据咨询、
信息支持和创新思路，带动行业发展和次生项目萌芽。

●建设全国多层级网络信息服务体系

充分利用网络信息保存成果，以全面采集、组织和分析后的网络
数据信息，针对不同需求提供高水平、多层次的服务。面向中央和国
家领导机关的决策支持服务，高度重视海量网络信息作为我国战略性
资源的重要性，着眼于国家信息安全与社会信息化建设的长远发展，
为中央和国家领导机关的发展规划和重大政策制定等提供数据保障
和智力支持，同时，通过基于网络信息的数据整理和挖掘大力推进社
会热点问题及专题性信息资源库的建设，加强网络舆情汇集与分析，

不断增强网络安全保障能力,进一步推动我国由"网络大国"迈向"网络强国"转变;面向科研教育机构的学术研究服务,以重点科研生产单位、教育研究机构为服务对象,利用强大的信息资源优势,建设和完善专业化、规模化、现代化的网络资源储备库,加强科学研究性信息数据的收集整理,通过数据挖掘、关联分析等加工处理,依据研究机构和用户的不同需求有针对性地提供特色学术研究信息服务,与相关科研与教育机构形成合力,为社会进步和科技创新增添原动力;面向社会大众的信息检索与揭示服务,在统一管理的基础上,通过各种新媒体向社会大众提供全面的历史性和积累性网络信息查询与揭示服务。此外,网络信息保存成果将以先进技术为支撑,向公众提供精准权威的网络信息发布服务,从而有效提升我国全民知识信息共享水平。

3)加快推进活态记忆资源的采集保存

活态文化大都源于民间,属于典型的地方性知识,是以人为载体,高度依赖于语境及社会、自然环境空间的人类活动结晶,是一种活的文化形态,具有极强的活态性、本土性、民族性、传承性特征①。面对活态文化的飞速消失和保护依据的缺失,2011 年,国家图书馆开展了"中国记忆"项目,它在中国的图书馆界是最早一批进行记忆资源抢救和建设的项目之一,是以中国现当代重大历史事件、重要人物为专题,在图书馆原有馆藏文献的基础上,以专题形式采集或收集口述史料(指以录音、录像或笔录的形式将特定历史事件或历史时期亲历者对相关内容的记忆、感想或评论等的口头叙述记录下来所形成的史料)、影像资料(指以录像形式将特定事物、场景、环境、过程等内容记录下

---

① 李泽文. 活态文化在图书馆[J]. 国家图书馆学刊,2012(3):48–51.

来所形成的视频资料），以及相关照片、书信、日记、实物等文献资料，形成专题资源库并用于读者服务和开发推广的文献资源建设和服务项目。

在资源建设层面，自 2012 年启动以来，"中国记忆"坚持抢救性、代表性、前瞻性原则，已开展 20 多个专题的口述史料、影像资料采集，包括"东北抗日联军"专题、"传统年画""大漆髹饰""蚕丝织绣""我们的文字"等非物质文化遗产专题以及"中国当代音乐家"、著名的红学家冯其庸先生、美国著名的华裔图书馆学家钱存训先生、胡佛研究所东亚图书馆馆长吴文津先生，还有丘成桐先生、叶嘉莹先生等著名学者口述资料等，积累了超过 40TB 的原始视频资源和大量照片、实物、非正式出版物等相关资料。活态记忆资源的重要性越来越被人们所认可，国家图书馆要进一步联合图书馆等各文献文物收藏单位、高等院校和科研单位、企事业单位、社会组织和个人共同参与，协同完成国家活态记忆项目。

以图书馆为主体，联合图书馆等各文献文物收藏单位、高等院校和科研单位、企事业单位、社会组织和个人共同参与，协同建成全国性的以口述史料和影像史料为特色的文献资源保存和服务项目，主要包含《国家记忆名录》和"中国记忆"项目专题资源库、"中国记忆"项目综合服务平台三大块。统筹规划，分层实施，利用各级图书馆既有成果和网络，加以整合与完善，形成"中国记忆"项目的主体资源架构和基本服务体系。

- 《国家记忆名录》

选取对中国社会活动、文化生活和大众心态最有影响，史料价值特别突出的文献资源专题，逐年依次列入《国家记忆名录》。《国家记忆名录》是"中国记忆"项目专题文献资源中民族核心记忆。

• "中国记忆"项目专题资源库

建设"中国记忆"项目专题资源库,包括现当代各领域著名人物、重大历史事件的专题内容。选题原则主要体现代表性和抢救性:对于在中华民族历史文化和各领域发展方面有重大贡献的代表人物、重大历史事件、重要发明创造、重要文献典籍、代表性技艺传承人、重要思想和文化价值体系的记忆应分类、分专题进行建设;对于高龄人物、重大历史事件亲历者、珍稀孤罕的文献典籍、濒危代表性记忆传承项目、物质遗产和文化群落应进行抢救性整理、采集。

在已建设完成的"中国记忆"项目专题资源库中选取具有较强代表性和重要史料意义,且资源建设较为系统、完整的专题资源库,或在尚未完成和尚未开始建设的"中国记忆"项目专题资源库中选取能够填补历史记录空白,或实现该领域记忆资源整合的专题资源库,由国家图书馆组织协调相关建设单位进行重点建设、保护、利用和推广。

• 《中国记忆丛书》

编纂《中国记忆丛书》。下分史事卷、人物卷、非物质文化遗产卷、地方记忆卷。将"中国记忆"项目的优秀成果,包括历史事件和重要人物相关文献目录、资料汇编、影像史、口述史、专题成果等,纳入《中国记忆丛书》中,可以出版纸质品、电子书、影视光盘等。

• "中国记忆"主题影视作品

利用"中国记忆"项目所获得和自建的影音视频资源,自主或与社会机构合作开发专题片、纪录片等影视文化产品,通过广播、电视、网络、新媒体的渠道向社会传播推广,取得更大的社会效益和经济效益。

• "中国记忆"主题文化活动

利用全国图书馆讲座展览联盟等,在全国范围内举办"中国记忆"

主题系列展览、讲座和文化活动,开展国民特别是青少年教育,丰富国民文化生活,提高国民文化素质。

4. 建设分工协作的全国文献保障体系

国家总书库的建设离不开各个机构的相互合作。澳大利亚国家图书馆和州立图书馆在收藏范围上有区分,更有利于全国文献的收集,他们还注重和档案馆、电影资料馆等机构的合作。俄罗斯国立图书馆为保障文献采全率,也采取各图书馆分工协作的采访方式,这主要包括俄罗斯联邦各级图书馆:国家图书馆、各联邦图书馆、各地区图书馆及各系统图书馆,协作采访本国及外文文献。在数字资源建设方面,应积极与这些专业领域内拥有专业技术、先进经验的单位合作,不但能够节省成本,提高效率,还能够引入专业化的系统与管理思维,甚至可以在资金支持不足的情况下发展外部资金支持。例如,美国国会图书馆、英国国家图书馆都有这方面的经验可以借鉴。

以"中华古籍保护计划""民国时期文献保护计划""国家数字图书馆推广工程"等重大文化工程为契机,按照"共知、共建、共享"的建设思路,灵活采用自建、征集、联合建设、联合采购、交换共建等多种方式,有效利用各级资源建设经费,加强全国各级公共图书馆资源的合作共建,形成以国家馆为核心、覆盖全国公共图书馆的分级分布式的文献保障体系。全面普查各级各类图书馆、档案馆和博物馆的实体资源和数字资源情况,建立统一揭示和服务调度体系。建立全国联采、区域联采、行业联采等采购模式,降低成本预算。积极推动国内各图书馆构建自有特色馆藏,形成资源建设分工,资源成果共享,用户服务协同的资源保障体系。分地区、分领域协作开展网络资源采集,充分发挥各级各类图书馆积极性,展现地方特色,分工统筹建设地方记忆和地方文献等资源。

在各系统已有文献保障体系建设的基础上,依托教育部中国高等学校文献保障系统(CALIS)、国家科技图书文献中心(NSTL)、国家农业图书馆、国防大学图书馆等专业文献信息资源中心机构,联合该专业领域内其他各级各类文献收藏机构,依托各类全国性工作项目与行业合作平台,主要通过将虚拟参考咨询服务、馆际互借、文献传递和联合编目等系统平台的整合,逐步将公共图书馆的业务、服务和人力资源整合起来,全面提升国家图书馆和各地公共图书馆的资源保障能力和服务能力,发挥图书馆的最大效用,最终实现图书馆的资源和服务惠及全民。

二、加强国家文献战略储备库建设

国家图书馆从保障中华民族文明成果长久、安全保存和传承,保障经济社会发展拥有可靠、坚实文献支撑,保障国家图书馆事业长远发展的高度[①],围绕国家文献战略储备体系建设进行了大量前期研究,在此基础上提出了《国家图书馆国家文献战略储备库建设工程项目建议书》和《可行性研究报告》,已均通过国家发展和改革委员会审批。2018 年 5 月底,国家发展和改革委员会下达该项目 2018 年中央预算内投资计划,用于勘察设计费、土地费等项目前期工作[②]。该项目的建

---

① 国家图书馆总馆南区建成开馆迎来第 30 周年[EB/OL].[2017 – 12 – 12].http://www.chnlib.com/wenhuadongtai/2017-10/354434.html.

② 国家发展改革委下达国家图书馆文献战略储备库建设工程项目 2018 年投资计划[EB/OL].[2018 – 05 – 12].http://www.ndrc.gov.cn/fzgggz/gdzctz/tzgz/201805/t20180530_887826.html.

设将确保国家战略文献的永久保存,逐步实现国家层面重要文献资源的全面储备,同时为推进地区和专业文献储备库建设提供探索与示范,并为最终建成大规模分级分布、共建共享的国家文献战略储备体系奠定基础。

1. 做好三馆区业务定位

国家图书馆国家文献战略储备库建设工程项目建成后,国家图书馆将会形成白石桥馆区、文津街馆区和承德国家文献战略储备库"两地三馆"格局。三馆区共同承担国家文献信息战略保存功能,立足于国家文化安全和长远发展,以全面保存和传承民族文化遗产、服务国家经济社会发展,承担对国家重要文献进行全面储备并提供最终保障的战略责任。三馆区的业务定位与国家图书馆现有服务功能密切结合,在功能上各有侧重,更好的形成集服务、保藏、传承于一体。

2. 建设目标

国家图书馆国家文献战略储备库建设工程项目是国家"十三五"期间重大文化设施建设项目,作为国家文献战略储备体系建设的核心内容,国家图书馆在河北承德县建设国家图书馆国家文献战略储备库,降低国家图书馆馆藏珍贵资料集中一处存放带来的风险,实现文献资源未来30年存储,战略性地永久保存、保护国家珍贵重要文献资源,更好地传承中华文明,使国家珍贵的资源可以长久保存,为人类保留社会文明发展的历史痕迹,为我国国家文献战略储备体系建设探索路径和方法,提供示范与借鉴。

3. 功能定位

国家图书馆国家文献战略储备库以文献与数字资源的长期保存为主,兼具资源利用开发服务。主要包括国家图书馆馆藏文献及部分国家重点文化项目信息资源永久异地保存,数字资源的异地灾备,网络信息资源的采集、整理与保存,数字化、缩微化文献加工及提供文献传递与馆际互借等,提供对重要战略性资源的使用支持以及缺失资源的补充,亦可凭借完善的保存体系代存各省市地方的孤本、珍本文献。还可以在一定时间内作为存储库系统的典范,代存地方公共图书馆文献,促进文献资源的共建共享,同时,国家图书馆国家文献战略储备库还要承担全国文献储备体系建设的整体规划,制定相关政策法规体系、标准规范体系。

(1)实体文献资源异地长期保存

国家图书馆国家文献战略储备库建成后,将国家图书馆保存本文献、缩微母片和自建数字资源一套光盘迁入储备库,以实现保存本与基藏本、缩微母片和拷底片、自建数字资源两套光盘的异地备份长期保存,改善文献保存保护条件。部分低利用率文献迁入储备库,以提高白石桥馆区和文津街馆区的空间效益。

(2)数字资源异地灾备

随着全球数字化与网络化的不断发展,数字资源面临的安全问题日益突出。灾难已经呈现多元性,除相对概率较低的地震、台风、水灾、火灾等自然灾害外,更为常见的则是网络病毒、设备设施损坏、系统故障、误操作或人为破坏等无法预料的事故,而任何异常变故都可能威胁数字资源的正常利用。因此,数据异地备份在长期保存过程中的重要意义已经逐步被业界所接受,异地备份也被誉为保证数据安全的最后一道防线。

(3)网络信息资源的收集、整理、存储

随着现代信息技术的迅猛发展,互联网在全球得以普及,网络信息资源大量涌现。网络信息资源与传统文献相比,具有其独特的特点,如网络信息资源数量巨大、更新速度较快,网络信息资源寿命短,网络信息资源质量良莠不齐,内容广泛,信息发布与传播自由等。因此,网络信息资源虽然给利用带来方便,但却给保存带来困难。网络信息资源同印刷文献一样也是人类共同的文化成果,是人类文化遗产的重要组成部分,有必要将其有选择地长期保存起来,为子孙后代所共享。为了解决网络信息资源的长期存取问题,对主要门户网站进行迁移和仿真处理,逐步实现网络信息资源的收集、整理、存储。

(4)进行地方古籍及重要文献出版物的寄存

由于我国目前还存在着较大的东西部差别和城乡差别,地方图书馆建设还有待完善,很多图书馆的文献保存条件相对落后,加之自然环境的恶劣,部分图书馆、机构甚至个人的珍贵文献藏品损毁严重。因此,我们一方面需要依托国家古籍保护中心,在全国进行普查和宣讲工作,另一方面从保存中华文明的角度出发,建立可以为全国公共图书馆、机构和个人提供国家图书馆缺藏古籍、具备重要文献出版物的寄存服务功能的国家文献战略储备中心。在提供文献寄存服务的同时,对此部分文献进行数字化,纳入国家图书馆的数字化馆藏,以期更好地进行文化的传承和利用。

(5)文献数字化加工、缩微复制等载体形态转换

按照统一规划、突出重点、版权保护和服务优先等原则,开展馆藏文献的数字化加工和缩微复制。

(6)文献脱酸、修复等保护工作

将不同程度酸化的文献,特别是民国时期文献提供场地进行脱酸抢救。在脱酸的同时,进行文献加固等整理和修复,以提高纸张的物

理强度等,延长其保存寿命。

（7）文献传递与馆际互借服务

面向白石桥馆区、文津街馆区以及国内外其他文献信息机构的文献利用需求,提供馆藏文献复制件的文献传递与馆际互借等服务。

附录一　向中国国家图书馆缴送出版物的相关政策与法规

年份	政策法规	制定部门	文号	缴送范围	缴送数量	备注
1916	《教育部防令第128号》	北京政府教育部		文书图画	1	
1952	《管理书刊出版业印刷业发行业暂行条例》	政务院		书刊		
1955	《中华人民共和国文化部关于征集图书、杂志样本办法》	文化部	(55)文新秘字第138、139号	书籍、图画、杂志，影印外国出版的外文图书、杂志	1—2	
1956	《修订全国报纸缴送样本办法的通知》	文化部	(56)文陈出字第348号	报纸	1	
1963	《改变缴送北京图书馆书刊样本份数的通知》	文化部	(63)文出字第1790号	图书、杂志	1—3	
1979	《关于征集图书、杂志、报纸样本的办法》	国家出版局	(79)出版字第193号	图书、杂志、报纸	1—3	

续表

年份	政策法规	制定部门	文号	缴送范围	缴送数量	备注
1981	《中华人民共和国学位条例暂行实施办法》	国务院	国发〔1981〕89号	博士学位论文	1	
1985	《图书、期刊版权保护试行条例实施细则》	文化部		图书、期刊		
1990	《报纸管理暂行规定》	新闻出版署		报纸		
1991	《重申〈征集图书、杂志、报纸样本办法〉的通知》①	新闻出版署	(91)新出图字第990号	图书、杂志、报纸	1—3	
1991	《新闻出版署关于调整向北京图书馆缴送杂志样本数量的通知》	新闻出版署	(91)新出期字第1316号	杂志	3	
1995	《关于统一博士后研究报告书写格式的通知》	全国博士后管理委员会	博管办〔1995〕3号	博士后研究报告	2	
1995	《邮电部关于电话号簿业务经营管理的暂行规定》	邮电部		电话号簿		
1996	《电子出版物管理暂行规定》	新闻出版署	新闻出版署令第6号	电子出版物		

续表

年份	政策法规	制定部门	文号	缴送范围	缴送数量	备注
1996	《关于缴送音像、电子出版物样品的通知》②	新闻出版署	新出音[1996]697号	电子出版物	1	
1996	《关于博士后出进站管理问题的通知》	全国博士后管理委员会	博管办[1996]8号	博士后研究报告		
1997	《出版管理条例》	国务院	国务院令第210号	出版物		
1997	《电子出版物管理规定》	新闻出版署	新闻出版署令第11号	电子出版物		
1998	《高等学校学报管理办法》	教育部	教备厅[1998]3号	学报		
1998	《关于应按(91)新出图字第990号文件规定缴送样书书的通知》	新闻出版署	新出图563号	图书、杂志、报纸	1—3	
2001	《出版管理条例》③	国务院	国务院令343号	报纸、期刊、图书、音像制品、电子出版物		

续表

年份	政策法规	制定部门	文号	缴送范围	缴送数量	备注
2001	《音像制品管理条例》④	国务院	国务院令第341号	音像制品		
2004	《音像制品出版管理规定》	新闻出版总署	新闻出版总署令第22号	音像制品	3	
2005	《期刊出版管理规定》	新闻出版总署	新闻出版总署令第31号	期刊		
2005	《报纸出版管理规定》	新闻出版总署	新闻出版总署令第32号	报纸		
2006	《关于印发〈博士后管理工作规定〉的通知》	人事部、全国博士后管理委员会	国人部发[2006]149号	博士后研究报告		
2007	《关于加强音像制品和电子出版物样本缴送工作的通知》	新闻出版总署	新出音[2007]71号	音像制品、电子出版物	1	
2007	《电子出版物出版管理规定》	新闻出版总署	新闻出版总署令第34号	电子出版物		

续表

年份	政策法规	制定部门	文号	缴送范围	缴送数量	备注
2008	《图书出版管理规定》	新闻出版总署	新闻出版总署令第36号	图书		
2011	《关于进一步加强新闻出版总署出版物样本缴送工作的通知》	新闻出版总署	新出字〔2011〕54号	报纸、期刊、图书、音像制品、电子出版物等		
2011	《国务院关于修改〈出版管理条例〉的决定》	国务院	国务院令第594号	报纸、期刊、图书、音像制品、电子出版物等		修订
2011	《国务院关于修改〈音像制品管理条例〉的决定》	国务院	国务院令第595号	音像制品		修订
2013	《国务院关于废止和修改部分行政法规的决定》	国务院	国务院令第638号	报纸、期刊、图书、音像制品、电子出版物等		修订
2013	《国务院关于修改部分行政法规的决定》	国务院	国务院令第645号	音像制品		修订

续表

年份	政策法规	制定部门	文号	缴送范围	缴送数量	备注
2014	《国务院关于修改部分行政法规的决定》	国务院	国务院令第653号	报纸、期刊、图书、音像制品、电子出版物		修订
2016	《国务院关于修改部分行政法规的决定》	国务院	国务院令第666号	报纸、期刊、图书、音像制品、电子出版物等		修订
2018	《中华人民共和国公共图书馆法》	全国人民代表大会常务委员会		正式出版物		

①逾半年不按规定要求缴送样本的,给予警告处分;此后仍不送样本的,给予应缴送样本定价金额1倍的经济处罚;情节严重者,予以停业整顿。

②将视情节轻重重给予通报批评,核减中国标准音像制品编码和标准书号,年检时暂缓登记或不予以登记。

③由出版行政部门、文化行政部门责令改正;情节严重的,给予警告;情节严重的,责令停业整顿或者由原发证机关吊销许可证。

④由出版行政部门责令改正,给予警告;情节严重的,责令限期停业整顿或者由原发证机关吊销许可证。

附录二 各国缴送制度对比

国别	法国	英国	美国	日本	俄罗斯	加拿大	澳大利亚	新加坡	中国
立法形式	嵌入式立法	单独立法	嵌入式立法	单独立法	单独立法	单独立法	嵌入式立法	单独立法	无
是否覆盖网络出版物	是	是	是	是	否	是	否		否
是否覆盖非正式出版物		否	是	是	是	否	是		是

续表

国别	法国	英国	美国	日本	俄罗斯	加拿大	澳大利亚	新加坡	中国
缴送主体	所有文献出版商、印刷商、生产商、进口商	出版者	出版者、作者、广播电视发行者	出版者（政府机关及政府级法人、地方公共团体及人、独立行政法人、民间法人、团体或个人）	只要在俄境内从事文献生产、加工、传播活动就须依法缴送文献样本	出版商	商业出版单位、个人、俱乐部、教堂、协会、社团机构	出版商	出版商
受缴机构	法国国家图书馆，由文化部长依法授权的接收缴送本的外省图书馆	英国国家图书馆，苏格兰国家图书馆，威尔士国家图书馆，牛津大学图书馆、剑桥大学图书馆三一学院图书馆	美国国会图书馆	日本国立国会图书馆	不同类型文献缴送本由不同机构接收。然后再分配给各个下级机构	加拿大国家图书档案馆	澳大利亚国家图书馆，州国图书馆（依据州的相关法律进行缴送）	新加坡国家图书馆管理局	中国国家图书馆，中国版本图书馆、出版主管部门

续表

国别	法国	英国	美国	日本	俄罗斯	加拿大	澳大利亚	新加坡	中国
缴送数量	2份，特殊情况1份	1份	2份	1—30份	3—16份		1份	2份	1—3份
缴送时间	出版商最晚于文献发行之日缴送；文献印刷完成后须缴送；进口商最晚于文献在国内发行日缴送	出版后1个月内	出版后3个月内	政府机关及政府级法人、地方公共团体及同级法人独立行政法人须在出版后即刻缴送出版物；民间团体或个人的缴送时间是自出版之日起30天内	正式出版后	出版前	出版后1个月	出版后4周内	出版后1个月

续表

国别	法国	英国	美国	日本	俄罗斯	加拿大	澳大利亚	新加坡	中国
缴送方式	送达或邮寄,免付邮资。网络资源自动采集	出版者递送。网络采集:提供密码或入网证书	邮寄、数字传输	网络资料通过自动收集,要求推选、义务缴送等途径	邮寄,邮资优惠50%			网上平台	自送或邮寄,费用由缴送者负担
有无豁免条款	有(同版重印、期刊复印、印量少的出版物等不缴送)	微型企业和处于起步阶段的公司设置豁免本的豁免期,豁免期从2013年法案生效日(2013年4月6日)起至2014年3月31日	有	有(涉密资料和简易资料在缴送范围之外;经过数字版权管理(DRM)技术处理的和有偿的网络资料暂不纳入缴送范围)	涉及个人秘密、国家秘密和公务及商业秘密的文献档案个别文献不缴送本	有	1. 学龄前程度出版物 2. 资讯内容短暂的电子出版物 3. 与网络连接并使用的光碟产品 4. 电脑游戏软件 5. 剪接转录的作品等		无

续表

国别	法国	英国	美国	日本	俄罗斯	加拿大	澳大利亚	新加坡	中国
缴送管理机构或受托管理机构	文化部	英国国家图书馆委员会	版权管理办公室	"日本出版经销协会""地方·小出版流通中心""教科书协会"等	俄罗斯出版物登记局，俄罗斯国家出版委员会等机构		国家图书馆,州图书馆	国家图书馆管理局	新闻出版广电总局
补偿机制			不要求商业化包装	对民间团体或个人缴送的出版物资料支付补偿金,出版物金额为零售价格的50%＋邮费费用;代缴费用;网络资料则主要补偿送所需费用		缴送义务人可以在商业出版的过程中,对于缴送图书馆和档案馆的缴送本的劳动力成本和原材料成本,可以作为商业成本在税收中予以扣除			

207

续表

国别	法国	英国	美国	日本	俄罗斯	加拿大	澳大利亚	新加坡	中国
罚则	所有法定缴送义务人如故意逃避缴送义务,均可被处以75 000欧元罚款。刑事法庭可立即处罚,将会不超过其5英镑的罚金。缓缴对其暂缓宣判一次,再加告,要求被告法庭按照法庭规定期限,停止违法行为并赔偿损失,同时开始执行逾期罚款,并确定逾期罚款的算时间及比率。法官可强制先予执行①。	假如出版者不遵守条文,将会立即处罚其超过5英镑的罚金,缓缴的罚金。法庭可对其暂缓宣判一次,再加上罚金的价值。罚金交付予英国国家图书馆委员会及其他图书馆之最高当局	每延迟一周处以罚款250美元。如还缴送未完成,在此后的一个月内,国会图书馆会向出版者发出催缴函,并自收到催缴函后,每一种未缴送的出版物将处罚款2500美元	零售价格5倍以下的罚款	对违反文献缴送制度的个人、法人和机构,按俄联邦行政法典第13.23条规定,将承担行政责任并受到制裁和罚款		对未缴送者罚款100澳元		见附录1

续表

国别	法国	英国	美国	日本	俄罗斯	加拿大	澳大利亚	新加坡	中国
受缴机构义务	存储机构向缴送义务人告知法定缴送的采集和使用的采集程序和自动采集工具技术规范。作为缴存机构，履行编纂、发行国家总书目，对公开网站资源和视听资源媒体网站资源加注索引编入国家总书目	英国国家图书馆给出版者一张书面收据	文献保存、版权登记与保护				图书馆收到缴送本后需向缴寄送单位寄送回执	国家图书馆管理局	

①在案件重新开始审理后，法庭须在暂缓宣判1年内对逾期罚款。如出现此类情况，须加以评估，并对逾期罚款进行结算。如有必要，法庭可减免逾期罚款。与刑事罚金相同，逾期罚款也由主管该项业务的公共会计师收缴；逾期罚款不会导致被告的司法拘禁。

附录三 各国数字出版物交存政策对比

国家	纳入缴送时间(年)	离线出版物	在线出版物	网站	原文样本的电子副本
挪威	1990	是	是	否	否
英国	2003	是	是	是	视情况
丹麦	2004	是	是	否	否
新西兰	2006	是	是	是	否
法国	2006	是	是	是	否
德国	2006	是	是	否	否
加拿大	2007	是	是	是	否
奥地利	2009	是	是	是	否
美国	2010	是	是	否	否
日本	2010	是	是	是	否
澳大利亚	2012	是	是	是	否
新加坡	2014	是	是	否	否
俄罗斯	2016	是	否	否	是

附录四 各国文献储备库情况表

建设单位	建设地点	距离主馆区	建设规模	主要功能
美国国会图书馆	米德堡	40公里,约1小时车程	1.7万平方米	保护美国民族遗产,异地灾备以保障和维护美国会图书馆的收藏,存放手稿、印刷品、绘图、照片、海报、乐谱、地图、民俗文件、底片、幻灯片、有色印刷品和缩微胶卷等。提供查询和每天两次的传输服务
英国国家图书馆	西约克郡利兹市波士顿斯帕	201公里,约4小时车程	700余万册(件)	存放利用率较低的文献;提供部分报纸和缩微品的阅览服务;48小时内文献传输服务
挪威国家图书馆	摩城山区	970公里,约13小时车程	0.65万平方米	存放图书、期刊、地图、海报等各种纸质文献,缩微胶片、照片、录音品等特殊载体资料、数字文献。通过复制提供复本服务

211

续表

建设单位	建设地点	距离主馆区	建设规模	主要功能
日本国立国会图书馆关西馆	京都府精华町	486 公里，约 6 小时 40 分钟车程	1.65 万平方米	文献资料收集与保存；实现实体与虚拟（网络文献）情报一体化服务；亚洲文献情报的国际交流中心；促进图书馆情报网络化；开展图书馆学情报学研究及教育
加拿大国家图书档案馆	魁北克省的加蒂诺市	距离国会山 12 公里	3.2 万平方米	存放声像档案、纸质档案以及干板、玻璃早期缩微载体档案等大量本国的珍贵档案资料和文献，并长期致力于档案保护技术的研发
德国国家图书馆	莱比锡馆舍		1.4 万平方米	存放一般文献、德国书籍和文字博物馆藏书、德国音乐资料馆藏书等